孔子

[日]宇野哲人◎著
陳彬龢◎譯

山西出版傳媒集團
山西人民出版社

圖書在版編目(CIP)數據

孔子 / [日] 宇野哲人著；陳彬龢譯. —太原：山西人民出版社，2015.12(2024.2重印)
(近代海外漢學名著叢刊 / 鄭培凱主編)
ISBN 978-7-203-09370-1

Ⅰ. ①孔… Ⅱ. ①宇… ②陳… Ⅲ. ①孔丘(前551~前479)－哲學思想－研究 Ⅳ. ①B222.25

中國版本圖書館CIP數據核字(2015)第276311號

孔子

叢刊主編　鄭培凱
著　　者　[日]宇野哲人
譯　　者　陳彬龢
責任編輯　張文穎

出 版 者　山西出版傳媒集團·山西人民出版社
地　　址　太原市建設南路21號
郵　　編　030012
發行營銷　0351-4922220　4955996　4956039
　　　　　0351-4922127(傳真)
天猫官網　https://sxrmcbs.tmall.com　0351-4922159(電話)
E-mail　sxskcb@163.com　發行部
　　　　　sxskcb@126.com　總編室
網　　址　www.sxskcb.com

經 銷 者　山西出版傳媒集團·山西人民出版社
承 印 廠　山西出版傳媒集團·山西新華印業有限公司

開　　本　700mm×970mm　1/16
印　　張　7.25
字　　數　55千字
版　　次　2015年12月　第1版
印　　次　2024年2月　第二次印刷
書　　號　ISBN 978-7-203-09370-1
定　　價　36.00圓

近代海外漢學名著叢刊編委會名單

總主編　鄭培凱

編委會　傅　杰　霍　巍　戴　燕（按姓氏筆畫排序）

總策劃　越衆文化傳播·周　威

總監製　南兆旭

統　籌　徐　勝　顔海琴

出版工作委員會

主　任　李廣潔

副主任　姚　軍　石凌虚

委　員　梁晉華　張文穎　秦繼華　馮靈芝
　　　　張　潔　崔人杰　王新斐　郭向南

設計總監　李尚斌

設計製作　王秀玲　吴圳龍　何萬峰　歐陽樂天

出版説明

近代海外漢學名著叢刊選取一九四九年以後未再刊行之近代海外漢學作品，編例如次：

一、本叢書遴選之作品在相關學術領域具有一定的代表性，在學術研究方嚮、方法上獨具特色。

二、爲避免重新排印時出錯，本叢書原本原貌影印出版。影印之底本皆經專家組審定，原書字體大小、排版格式均未做人的改變。

三、爲使叢書體例一致，本叢書前言後記均采用繁體字排版。

四、個别頁碼較少的版本，爲方便裝幀和閱讀，進行了合訂。

五、少數作品有個别破損之處，編者以不改變版本内容爲前提，部分進行修補，難以修復之處保留缺損原狀。

六、原版書中個别錯訛之處，皆照原樣影印，未做修改。

由於叢書規模較大，不足之處，在所難免，殷切期待方家指正。

總序／温故而知新

晚清以來，西力東漸，西方文化思想的著作也大量譯成中文，最著名的如嚴復與林紓的譯著，影響了整個二十世紀中國的知識界與文學界，使得中國文化的思維脈絡爲之丕變。除了西方思想經典、文學與實證科學著作的翻譯，以實證方法系統化探討中國文史的域外漢學，也對中國學術思想界產生了莫大衝擊，改變了中國學術的著述方法與取嚮。

中國傳統的知識結構，是按經史子集四庫分類的，以儒家意識形態的經學爲文化知識的砥柱，以史學爲貫串歷史經驗的殷鑒，至於子部與集部，則是作爲保存文獻、擴大知識面的附帶知識，可以耽情冥想，可以悠遊玩賞，却都是邊緣化的知識，無關聖教的弘揚，無關文化精髓的宏旨。西方文藝復興之後的現代學術體系，在知識分類上，與中國傳統大相徑庭，講究系統分科，不同知識領域各有其客觀存在的價值，有其相對獨立的目的與標準。日本知識界在明治維新以來，鑒於東方文明落後於西方的船堅炮利，率先效法西方，在追求「文明開化」、「脱亞入歐」的過程中，爲日本學術發展循着現代西方的體例，建立了哲學、文學、歷史學、經濟學、法學、商學、物理學、化學、地質學、醫學、農學、工程學、植物學、動物學等等新型學科，企圖與西方學術齊頭並進，從而影響了中國近代學術體系的發展。

本叢刊選印二十世紀上半葉出版的漢學譯著近百冊，分爲三大類：「歷史文化與社會經濟」、「古典文獻與語言文字」、「中外交通與邊疆史」，反映民國時期學術界重視西方及日本漢學研究的成果，藉助他山之石，重新審視中國傳統歷史文化的意義，特別是開拓了傳統學術忽略的領域。五四新文化運動以來，中國學者如蔡元培、胡適都提倡「整理國故」，以理性實證的方法，對中國文化傳統做出系統化的研究，是與這些漢學譯著相輔相成的。這些譯著除了介紹域外漢學的成果，還引進了嶄新的學術研究方法與視角，有助於梳理中國文化傳統的脈絡，重新整合知識結構與學術體系。雖然這些學術著作不是中國學者的成就，無法納入二十世紀中國文史學術的主脈，但是從中文譯本的影響而言，起碼也應當視爲中國近代學術發展的支脈或潛流，不容忽視。可惜的是，到了二十世紀下半葉，因爲兩岸政治形勢的變化，這些漢學譯著，除了部分因王雲五重新入主臺灣商務印書館，而得以在臺灣做了少量的重印，在大陸的出版界，則完全受到遺忘，甚至在許多新成立的大學圖書館中也不見踪影。我們搜集了近百冊塵封的漢學譯著，呈現給二十一世紀的中國學術界，一方面是爲了銘記前人爲推展學術而做出的努力，另一方面也是爲了提醒新常態時期的學人，學術發展有其歷史累積的脈絡，可以從中汲取歷史經驗，温故而知新。

説到「温故知新」與這批早期漢學譯著的關係，可以從兩個方面來思考，以見翻譯域外漢學如何反映了時代精神，爲融匯東西方學術思維，重新闡釋中國文化傳承，做出不可磨滅的貢獻。一是域外漢學的研究對象，以中國歷史文化典籍爲主，屬於中西文化碰撞期間興起的「國學」範疇，與五四新文化人物提倡的「整理國故」運動若合符節。研究中國歷史文化，並賦予新的學術意義，是清末民初知識精英念兹在兹的心結。歷史發展走到一個環節，時代的狂風揚起了批判傳統的大旗，風中的英雄幫着推波助瀾，却又無時或忘自己民族文化主體的未來，糾纏於「傳統」能否「現代」的困境。域外漢學的出現，以西方實證方法研究中國歷史文化傳統，綜合東西方各種語言文字材料，擴大了研究國學的眼界，即使無法打開中國文化傳統是否走到盡頭的心結，至少是提供了一個解惑的方嚮，在大霧彌漫的夜晚，看到了依稀渺茫的星光。

二是翻譯域外漢學，有一種以子之矛攻子之盾的吊詭作用，逐漸化解了中國文化思維中的自大心理與封閉心態，讓唯我獨尊的國粹基本教義派解除武裝到牙齒的盔甲，轉而吸收並接受西方實證研究的學風。民國期間新式教育制度的推行、學術體系的變化、大學學術專業的創建，具體到北京大學國學門的成立，中央研究院規劃歷史、語言、考古的研究領域，都與翻譯域外漢學背後的旨意是息息相關的。因此，重新閱覽這批民國期間的漢學譯著，對二十一世紀的現代學人來說，温故而知新，不但可以窺知民國學人追求新知的心理狀態，也會刺激吾人反思，認真思考學術研究方法與中國學術發展的前景，更進一步，探索文化傳統的重新闡釋與新知介入的關係。知識體系的變化當然與傳統的重新闡釋有關，是外爍的影響大呢，還是內因變化的成分居多？

論語·爲政記載孔子説：「温故而知新，可以爲師矣。」歷代解經，對這個「爲師」的道理，有兩種相近似但又取嚮不同的解釋。朱熹四書集注説：「故者，舊所聞。新者，今所得。言學能時習舊聞而每有新得，則所學在我而其應不窮，故可以爲人師。若夫記問之學，則無得於心而所知有限，故學記譏其不足以爲人師，正與此意互相發也。」雖然朱熹把知識分爲「舊所聞」與「新所得」，强調的却是「學而時習之」，從中生發新的心得，也就是從詮釋舊典中得到新知。這個説法與朱熹在鵝湖之會以後，作詩唱和，寫給陸九淵的詩句，「舊學商量加邃密，新知涵養轉深沉」，异曲同工，是一個意思，萬變不離其宗，舊學與新知是同一個脈絡的知識學理。

然而，有些朱熹之前的經學家，解釋「温故知新」，却有不同的取嚮。皇侃論語義疏就説：「故，謂所學已得之事也。所學已得者則温尋之不使忘失，此是月無忘其所能也。新，謂即時所學新得者也。知新，謂日知其所亡也。若學能日知所亡，月無忘所能，此乃可爲人師也。」皇侃明確説到，「故」指的是過去所學的知識，而「新」則指的是新近學到的知識，新舊結合，相互發明，就可以「爲人師」了。邢昺論語注疏循着皇侃的思路，也説：「言舊所學得者，温尋使不忘，是温故也。素所未知，學使知之，是知新也。既温尋故者，又知新者，則可以爲人師也。」這裏講的「素所未知」，就不祇是研讀舊學，有了新的體會，從過去的傳統中發展出的「新知」，而是從來没聽過、没想過的新學問了。這種「素所未知」的新學問，結合「舊所聞」，對習以爲常的知識框架，就會産生巨大的衝擊，而出現飛躍性的結構變化。知識内容或許大體沿襲傳統，知識結構却得以重新整合，出現嶄新的認知系統，重新審視自己文化傳統的意義，打開文化傳承的新局面。二十世紀上半葉的漢學譯作，就發揮了這樣的作用，促使中國學者放棄自我中心的文化態度，從各種不同側面，探知中國歷史文化的光譜，以域外（或是全球）的角度觀測中國傳統，摇動了文化的萬花筒，看到七彩繽紛的中國。

嚴復在甲午戰争之後，改良變法思想風起雲涌之時，開始大量翻譯西方思想經典著作，是有感於國人（特别是傳統文化孕育的知識精英）思維系統封閉，企圖介紹實證新知，引進邏輯思維的方法，以破除儒學之道「一以貫之」與「放之四海而皆準」的虚妄。他翻譯天演論，在序文中提到，有人歸納東西方學術思想，認爲中國文化重精神，是形而上之學，立意高超，而西方文化重物質，是形而下之學，祇追求功利的回報。他認爲，這種自以爲是的蒙昧態度，陷入傳統舊學的框囿而不自知，没有自我反思的能力，無法吸收「素所未知」的新知識，也就無法開展並弘揚自己的文化傳統。嚴復非常清楚他翻譯西方經典的目的，是爲了介紹新知，打破中國傳統思維的封閉性，但是，作爲披荆斬棘的拓荒人，他深知思想封閉者的頑固心理，必須因勢利導，以免遭到盲目衛道之士的攻訐。嚴復有其防身的策略，不會像許褚戰馬超那樣赤膊上陣，而是以桐城文章譯述赫胥黎、斯賓塞、穆勒、亞當·斯密、孟德斯鳩，博得晚清知識精英的贊許，文章深閎而傳入了新知義理。從文化變遷的角度而言，通過翻譯，以迂迴戰術來介紹西方思想，得到巨大的成功，産生了改變傳統思維體系的實效，是中國近代思想史上影響深遠的大事。以此類推，民國時期大量翻譯域外漢學的影響，也是不容忽視的思想史課題。

關於清末民初西方學術思維衝擊中國知識精英，顛覆傳統文化的知識結構，錢穆在現代中國學術論衡的序言中，從中國文化本位的立場，發出深刻的感慨，做了籠統的批評：「文化异，斯學術亦异。中國重和合，西方重分別。民國以來，中國學術界分門別類，務爲專家，與中國傳統通人通儒之學大相違异。循至返讀古籍，格不相入。此其影響將來學術之發展實大，不可不加以討論。」錢穆所指出的問題，是傳統知識體系强調「通」，文史哲不分家，最崇尚通儒，而現代學術講究專業分科，各司其職，以至於讀不通古籍呈現的整體性知識思維。姚名達在撰寫中國目録學史的時候，對西力東漸，西潮帶來的翻譯著作及新知新學，也有類似的感慨：「四部分類法，不合時代也，不僅現代爲然。自道光、咸豐允許西人入國通商傳教以來，繼以派生留學外國，於是東西洋洋籍逐年增多。學問翻新，迥出舊學之外。目録學界之思想不免爲之震蕩。」這種對學術體系發生重大變化的觀察，反映了中國學人從晚清一直到民國，夾在東西方兩種不同思維體系的衝突中，身歷其境的切身感受，因此感觸良多。

二十世紀上半葉最能代表中國學術的通儒是王國維與陳寅恪，他們浸潤了經史子集的四部知識傳統，承繼乾嘉篤實的考據學風，却都經過西洋邏輯思維與實證科學的洗禮，參與中國知識結構的轉型。對西方現代知識結構如何在中國生根發芽，不但再三致意，并且以自己的學術實踐來努力促成。王國維早在一九〇二年就寫信給張之洞，反對把經學列爲大學分科之首，而主張效法西方與日本的大學，設立哲學科，明確指出知識結構的分類不可因循傳統，而必須另起爐竈。陳寅恪在一九二五年就清華大學建制的問題，寫了吾國學術之現狀及清華之職責，指出大學的職責在於學術之獨立，而中國學術界的情況令人十分不滿，必須認真效法西方學術的體制及實踐。他說：「蓋今世治學以世界爲範圍，重在知彼，絕非閉門造車者比。」這兩位國學大師，對西方與日本的漢學研究十分注意，都是以開放態度對待域外漢學研究，集思廣益，以成其大家。

再回到「温故知新」的歷代經解，説説文化傳承的闡釋學意義。劉寶楠在論語正義中指出，上古之時，文化知識是上層統治精英的家學，不再治理實際政事的長者可以傳遞德行的知識，可以爲人師。「温故而知新」，就顯示長者不忘舊時所學，且能吸收新知，繼承并發揚這種學術與政治合一的傳統。到了孔子之時，時代出現了變化，士大夫不見得能够謹守家法，弘揚德行，也不一定能够「爲師」了。孔子之後，世變日亟，「道術爲天下裂」，文化知識不再爲少數統治精英所壟斷，也不必然與治理政事有關，學術在民間百花齊放，百家争鳴。但是，學術知識發展的脈絡基本未變，仍然是要温故知新，進德修業。從劉寶楠不經意的闡釋中，可以看到時代變遷影響了學術文化的内容，改變了知識結構的體系，但其内在發展的理路仍舊，還是需要舊學與新知的融合，才能有所發展。

劉寶楠還引述了劉逢禄的解釋：「故，古也。六經皆述古昔、稱先王者也。知新，謂通其大義，以斟酌後世之製作，漢初經師皆是也。」劉寶楠贊成這個説法，並指出，漢唐人解釋「知新」，大多數都沿用此意。也就是説，舊學是傳統的知識結構體系，新知是時代變化出現的新知識，必須相互斟酌，才能發揮得宜。至於如何對舊學「通其大義」，就見仁見智，各有説法了。從這個通達的詮釋來討論近代西學東漸的情況，我們可以看到，「温故而知新」在民國學人的心底，是產生「傳統」與「現代」糾葛的心理陷阱，不易跨越。若依照朱熹的説法，「學能時習舊聞而每有新得，則所學在我而其應不窮」，雖然在哲理上可以模模糊糊説通，但在清末民初的具體歷史環節，西學的新知屬於完全不同的知識體系，在原有的舊學脈絡中，根本無從立足，如何「其應不窮」？所以，真要放之四海而皆準，提升「温故而知新」的普世意義，以理解域外漢學譯著與近代學術知識體系變遷的文化史意義，我們認爲，皇侃、邢昺，一直到劉寶楠的闡釋，是比較合適，並與現代文化闡釋學的説法相近。

伽達默爾（Hans-Georg Gadamer）在他的名著真理與方法中，説到認知理性與文化傳統的關係，特别指出，人們通過理性，來判斷歷史文化中事實的真相，但是人的理性與生存環境息息相關，與傳統所衍生的豐富文化底藴有關，不可能完全超越文化傳統的思維脈絡。他認爲，人生活在文化傳統之中，就不可能「遺世獨立」，以全能超越的抽象思辨來認識傳統，甚至是批判或顛覆傳統。傳統是歷史文化延續與傳承的表徵，不會一成不變，而我們的認知理性也會因時代變遷，而不斷重新詮釋傳統。伽達默爾的闡釋學以西方文化傳統爲例，説明新知如何納入傳統，而使文化傳統生機不斷，生生不息，與中國歷代經學家的説法（朱熹除外），有异曲同工之效。以此觀照民國時期的漢學譯著，我們認爲，這批學術新知傳入中國，對中國文化傳統的繁衍與發展，實有承先啓後之功。

近代海外漢學名著叢刊的出版，最值得感謝的是南兆旭先生二十多年來搜羅的執着與努力。雖然這套叢刊不能窮盡民國時期的漢學譯著，但是，能滙集上百册自一九四九年以來在國内不曾重印的學術著作，再度公之於世，總是功不唐捐的大功德。忝爲本叢刊的主編，我面對這批民國學術材料，先是感到紛雜無章，有些原作者的學術素養也難副當前的學術標準，甚爲猶豫。後轉念一想，這是上個世紀中國最紛亂時期的學術記録，也是民生凋敝，國勢隤危，内亂外患交加之際，仍有許多學者孜孜矻矻，戮力翻譯域外漢學，爲中國學術的傳承拓展新知的坦途，不禁肅然起敬，開始用心整理分類。掛一漏萬，在所難免，好在有學殖豐贍的諍友擔任分卷主編，並撰寫各分卷前言，實在是衷心銘感。有傅杰教授負責「歷史文化與社會經濟」、戴燕教授負責「古典文獻與語言文字」、霍巍教授負責「中外交通與邊疆史」，吾道不孤矣。在整理編輯過程中，周威先生費心最多，也是我要衷心感謝的。

道術之存亡，全在人心之嚮背。這批民國漢學譯著重新問世，對我們生長在承平之世的學人，應當有激勵的作用，爲學術研究多盡份力，讓中國學術發展更上一層樓。

鄭培凱

二〇一五年七月

前言／

二十世紀三十年代是中國現代學術史上的一個黃金時期。從晚清的白話文運動，到白話文在民國初年被定爲現代國語，中國的語言也就是「漢語」本身便發生了一個很大的變化。在漢語的這一現代轉化過程中，「新文學」即白話文學、又或稱國語文學的异軍突起，又起到極爲重要的推進作用。因此，現代的漢語和文學，從一開始就如雙生子一樣關係密切，不可切分。

當然，白話文與白話文學的興起，原因不止一個，但不能否認的是，在漫長的從「邊緣」變爲「正統」的道路上，它們都受到過外來的語言和文學的刺激。這裏面既包括有現代漢語對「外來語」的吸納、新文學對外國文學的模仿，也包括了引入歐美日的方法，對漢語和文學加以研究。這個研究，還不單單是針對現代的漢語和文學，也針對古代的漢語和文學。

伴隨着漢語和文學自身的演變，而在語言學界及文學研究界發生的這些轉變，其實是中國學術在各個領域實現其現代轉型的一部分，也可以説是中國現代學術之建立的一個基礎。隨着對東洋、西洋從觀念到方法、從文獻到詮釋的全面開放，在一九三〇年前後，中國的語言學和文學研究也迎來了自己的黃金時代。

這個黃金時代出現的很多學術成果，都是當時中國學者在傳統學問的基石上，吸收外國的方法、結論得到的，如王力所説，那時的語言學，「始終是以學習西洋語言學爲目的」，文學研究也莫不如此。所以，要想説明這個學術上的黄金時代究竟是什麽樣的，又如何形成，勢必要對當時的國外漢學知其一二，尤其要對翻譯成中文出版的漢學書籍有一點瞭解。

語言學方面，自馬氏文通引入西方語法之後，在中國影響最大的恐怕就要數高本漢。從一九二七年的左傳真僞考及其他，到一九七二年的中國聲韵學大綱，他關於中國語言學的論著幾乎都有在中國（包括香港、臺灣）翻譯出版。據説早年間，在他的音韵學論文尚未譯成中文出版前，錢玄同就已經拿着其中幾頁，作上課的教材用。他的中國語言學研究的譯者賀昌群也曾説，在語言音韵學方面有所成就的學者，都是借高本漢之力。

文學方面，一個突出的現象是，日本漢學家的著作被翻譯出版最多。究其原因，大概是由於日本在歷史上受中國文化影響甚深，日本漢學家普遍有很好的漢學功底，到了明治維新以後，又先於中國接受歐美的思想、文化和學術，這兩方面的結合，促使日本漢學界産生出很多新的研究成果，其中就有像兒島獻吉郎、鈴木虎雄、本田成之、青木正兒、鹽谷温、梅澤和軒等人的著作。這些涉及中國古典文學、藝術、思想等領域的論述，兼有東西之長，比較容易爲中國學界理解和認同。因此，在現代中國的文學史、文學批評史、藝術史、哲學史等學科領域，日本的研究範式一度相當流行。

説到海外漢學的影響，還不得不提及海外漢學論著的翻譯出版，在二十世紀三十年代前後是又多又快，像成書於一九三二年的石田幹之助的歐人之漢學研究，一九三四年就有了中文譯本，就是典型的一例。這固然是由於當時的中國學界對於及時掌握海外漢學動嚮，有一種普遍的要求，可是不能忘記的是這些漢學論著的譯者，在這中間扮演了很重要的「驛騎」角色。

在這裏，也許不需要再去重復趙元任、羅常培、李方桂這一黄金組合翻譯高本漢中國音韵學研究的故事，不需要説明高本漢論著的大多翻譯者，如張世禄、賀昌群等，也都是很好的專業學者。就連最早的左傳真僞考及其他，也是經胡適推薦，由當年聲名鵲起的新鋭陸侃如、衛聚賢合作翻譯的。而在陸侃如看來，他們的譯介，就是爲了「東海西海互相印證」（譯跋）。

值得一説的，倒是譯過不少日本書籍、不限於漢學著作的孫俍工。孫俍工一九二四年赴日留學，他本來學的是德國文學，可是很快翻譯了鈴木虎雄的中國古代文藝論史、鹽谷温的中國文學概論講話、本田成之的中國經學史、兒島獻吉郎的中國文學通論，興趣完全轉到對中國古典的研究。他在各書的譯序中，談到過對中國祇有整理國故保存國故的口號、成績却不如日本的看法（中國古代文藝論史），談到過他要借翻譯來使人看到在被我們自己抛荒的文學園地裏，經別人代耕，而有怎樣一番禾黍芃芃的景象（中國文學概論講話），也談到過如本田成之對於孔子「別開途徑」的理解，可爲中國學者取法實多（中國經學史）。對中日學界當時情況的判斷，大概是他譯書的動機。據説他在一九二八年回國任教後，短短幾年就編出幾百萬字的書來，其中像中國文藝辭典、世界文學家列傳、中國語法講義等，有人説都涉嫌抄襲日人（彭燕郊那代人·關於孫俍工）。這也大可説明他心目中的日本學術，不光是漢學，何等優越。當然，他翻譯鈴木虎雄、鹽谷温的著作，按趙景深的説法，還是「對於中國文學的貢獻頗大」（文壇憶舊·文人印象·孫俍工）。

另外一位翻譯日文書極其勤奮的是王古魯。王古魯一九二〇年赴日讀的本來是英文系，一九二六年回國後也教過英文，但是他翻譯過的日本書籍，題材廣泛而雜駁，涉及小説與經史之學、語言文學、民族和對外關係，既有論述，也不乏考據。由於他對日本學界的追踪，與他對中日關係的觀察是聯繫在一起的，因此，他在一九三一年翻譯的田中萃一郎西人研究中國學術之沿革、一九三四年編譯的傅斯年等編著東北史綱在日本所生之反響、一九三六年編寫的最近日人研究中國學術之一斑，都在中國學界引起過强烈的反響。在他翻譯的文學論著中，最有名的恐怕就是青木正兒的中國近世戲曲史。吴梅早已表揚過他在翻譯中表現出的專業態度，即對青木正兒引書「無不一一檢校」，故「可爲青木之諍友」（序）。一九五六年他寫信給青木正兒，又説此書不僅獲得「我國各方面極爲重視」，還作爲「中文本」，與王國維宋元戲曲考等六種，入選蘇聯大百科全書的「中國戲曲」條目，説明譯作本身成了經典。而這一次的翻譯，大概也爲他後來到日本搜集古本小説、戲曲，最後成爲造詣頗深的中國文學史研究專家做了很好的鋪墊。

中國現代學術史也應該銘記這些譯者的功勞。

戴　燕

二〇一五年六月八日於復旦

作者簡介

著者

宇野哲人（一八七五年—一九七四年），字季明，號澄江。日本中國哲學史研究者，文學博士，東京大學名譽教授。曾任東京高等師範學院教授，東京帝國大學文科大學教授。一生著作頗豐，有中國哲學史——近世儒學、中國哲學概論、中庸新釋等。

譯者

陳彬龢（一八九七年—一九四五年），曾用名樂素素、昌蔚、松軒，江蘇吴縣人。著有申報評論選、孔子、中國書史、日本歷史大綱等。

孔子目次

孔子

第一章 略傳

孔子祖述堯舜，憲章文武，集古來思想之大成，開儒教之基，爲萬世之師表，後世之言道者必折衷焉。

孔子名丘，字仲尼，魯襄公二十一年十月庚子，（二十一日）西紀前五百五十二年，生於魯國昌平鄉陬邑。父曰孔紇，字叔梁，爲陬邑大夫，以勇顯名。母曰顏徵在。徵在禱於尼山而生孔子。其先宋之公族也。周成王封殷紂之庶兄微子啓，使存殷祀，號曰宋。故魯孟僖子稱孔子爲聖人之後云。（左傳昭七年）孔子亦自稱曰：吾殷人也。（檀弓上）宋湣公之長子弗父何，讓位而不立。其曾孫正考父，佐戴、武、宣三公而有大勳，三命益恭。正考父之子孔父嘉，仕殤公爲大司馬。時大宰華督有不臣之心，殺孔父而遂弑殤公。（左傳桓二年）孔父之子木金父，避難奔魯，遂爲魯人。從當時之習慣，取嘉之字孔父，而以孔爲氏。孔子之父叔梁紇，卽木金父之玄孫也。

孔子少而喪父，其母養之。據家語本姓解謂：孔子時甫三歲。其爲兒童嬉戲之時，常陳俎豆，而設禮容。其資性非凡，後來其重禮儀，旣發端於此矣。家貧賤，孔子自稱云：

「吾少也賤，故多能鄙事。」論語子罕

孔子嘗爲委吏而料量平；又嘗爲乘田吏而畜蕃息。可見其雖細事亦不敢忽，而恪守職務也。孔子在貧賤之間，夙志於學思以先王之道致太平。論語爲政章云：

「吾十有五而志於學，三十而立，四十而不惑，五十而知天命，六十而耳順，七十而從心所欲，不踰矩。」

此蓋孔子晚年回顧自己一生而言也，其進學之跡歷歷可見。孔子平生研鑽不怠，然其大志起於十五歲時，而畢生之基礎至三十歲已確立，於此足想見其學問之苦心。子貢嘗答衛公孫朝之問曰：

「文武之道，未墜於地。在人，賢者、識其大者，不賢者、識其小者，莫不有文武之道焉。夫子焉不學，而亦何常師之有？」子張由此可知孔子所學，即爲文武之道，而春秋時代所重者，詩書禮樂也。孔子生於周禮所在之魯國，故其研究上甚得便利。如子貢所言，則是孔子無常師，凡有機會，每就而學之。昭公十七年郯子來朝於魯，孔子聞其熟識古官制，就而學焉。既而語人曰：

「吾聞之，天子失官，學在四夷，猶信。」左傳昭十七年

此其一例也。當時學校之制已壞，亦無存者；而孔子之名漸重於世，從學者益衆。魯孟僖子將卒，遺命使其二子從孔子學禮。事詳左傳昭公七年曰：

「孟僖子病不能相禮，乃講學之，苟能禮者從之。及其將死也，召其大夫曰：禮，人之幹也，無禮無以立。吾聞將有達者，曰孔丘，聖人之後也，而滅於宋。其祖弗父何以有宋而授厲公，及正考父佐戴武宣，三命茲益共。故其鼎銘云：一命而僂，再命而傴，三命而俯，循牆而走，亦莫余敢侮，饘於是，鬻於是，以餬余口。其共也如是。臧孫紇有言曰：聖人有明德者，若不當世，其後必有達人。今其將在孔丘乎？我若獲沒，必屬說與何忌於夫子，使事之而學禮焉，以定其位。故孟懿子與南宮敬叔師事仲尼。」

孟僖子沒在昭公二十四年，時孔子三十四歲。孔子嘗稱南宮敬叔云：

「君子哉若人！尚德哉若人！」（憲問）

又謂其能三復白圭之詩，故以其兄之女妻之。（論語先進）蓋敬叔爲謹飭之君子也。其詩曰：

「白圭之玷，尚可磨也，斯言之玷，不可爲也。」（大雅抑之篇）

孔子遂藉敬叔之助力，得以周遊列國。時周室雖衰，先王之遺風猶存，足以興起觀感。孔子周遊所得之影響偉大，問禮於老聃，問樂於萇弘，卽此際之事也。自周反魯，弟子益多。

昭公二十五年三桓攻公，昭公出奔齊。孔子亦避亂往齊，與太師語樂，聞韶，至三月不知肉味。（述而）是時齊景公問政，孔子對曰：

「君君，臣臣，父父，子子。」

景公大喜曰：

「善哉！信如君不君，臣不臣，父不父，子不子，雖有粟，吾豈得而食諸？」（顏淵）

將用孔子，晏嬰沮之，其事遂止。晏嬰爲孔子所推稱，孔子嘗曰：

「晏平仲善與人交，久而敬之。」（公冶長）

蓋晏嬰在齊爲管仲以後之一人，春秋時之賢臣也。然以節儉力行重於世，而孔子主張禮樂，其意見不一致，故沮止孔子。未幾，孔子反魯。（參照墨子非儒下篇）尋而昭公薨於外，定公立，季氏家臣陽虎專權。故孔子不仕，退而修詩書禮樂，弟子愈衆，遠方來受業者不少。陽虎聞孔子之名望，必欲致之門下；然孔子不受其羅致。事見論語陽貨章，及孟子滕文公下章。

未幾，陽虎失敗，出奔齊。孔子出仕於魯，由中都宰進爲司寇，與聞國政，其間孔子事業之可特筆以書者有二：卽夾谷之會與墮都之策是也。夾谷之會孔子之外交成效赫赫在人耳目。墮都之策是其內治策，藉此可以強公室，不幸垂成而敗，遂不得不去國矣。

先是周室衰微，號令不行於天下，齊桓公稱霸於天下，晉文公繼起。其後晉久不墜霸業，及齊景公出，欲嗣桓公之遺業，遂抗晉結鄭衛以臨魯。魯不堪其壓迫，因有夾谷之會。事在定公十年，左傳及穀梁傳記之甚詳。孔子時相魯，齊人以爲孔子雖知禮而無勇，將以兵劫魯公，孔子以爲有文事必有武備，早已備之，卽正辭斥之。既而將盟，齊人將以載書壓魯，孔子亦以正言挫之。齊侯將享魯公，孔子以禮排之。齊遂不能加於魯。當時魯國若讓齊國一步，則必至屈服於齊。孔子以弱魯之相，守禮毅然不動，竟能挫強齊之威，以全魯之國權。

當時魯公室雖有等如無，孔子不忍默視，而謀復興公室之勢力。然揚公室之權，必須抑三桓之勢；而制三桓之策在乎直覆其根據。當時三桓在魯，彼等居城，皆其陪臣居之，實權反在此等陪臣之手。如季氏家臣陽虎專國政，是其一例也。此等陪臣之強梁者，雖三桓亦實苦之。故孔子欲抑三桓，須先決墮三都之策，三桓所以亦贊成此墮都策。孔子先使子路爲季氏宰，因欲實行之。叔孫氏先墮郈。季孫氏亦將墮費，然公山不狃等率費人以襲魯，事急，孔子使大夫伐而敗之。不狃等奔齊，遂墮費。次將墮孟孫氏之成邑，時公斂處父謂孟孫氏曰：

「墮成，齊人必至於北門。且成，孟氏之保障也，無成，是無孟氏也。子僞不知，我將不墮。」（左傳定公十二年）

孟孫氏從其言，遂不墮成。定公圍成不能克。於是孔子墮都之策功虧一簣。

孔子爲政七日，先誅聞人少正卯，事見荀子宥坐篇。蓋對造謠亂民首處以重刑，於此可窺其爲政卓厲風發之一端。

孔子爲政，魯國大治，聳動隣國之耳目；然墮都之策中道失敗，縱使季孫氏不受齊國女樂，孔子亦不能久留，不過遲遲藉此機會以去魯國耳。孟子萬章下 時在定公十三年，孔子五十五歲。自是周遊天下，席不暇暖，欲助英主而行周公之政以救蒼生；然道大不容於羣小，其足跡遍於衛、宋、曹、鄭、陳、蔡、諸國，其間在宋遭匡人之迫，又厄於陳蔡之野。先是匡人惡陽虎，及孔子來，誤以爲陽虎而圍之，弟子皆懼。孔子曰：

「文王既沒，文不在茲乎！天之將喪斯文也，後死者，不得與於斯文也；天之未喪斯文也，匡人其如予何？」子罕

於此可見其信天命之篤而抱負之大也。此爲匡人之難。孔子過宋，與弟子習禮於大樹之下。宋司馬桓魋欲害孔子，而拔其樹。孔子夷然自若曰：

「天生德於予，桓魋其如予何？」述而

此爲宋人之難。及至陳蔡之野，遭陳亂，絕糧數日。弟子之從者或病不能起，而孔子絃誦不輟。子路憤然問曰：「君子亦有窮乎？」孔子曰：「君子固窮，小人窮斯濫矣。」衛靈公 子貢之徒，亦因見君子不容於世，慍然曰：

「夫子之道至大，故天下莫能容夫子。夫子盍少貶焉？」

而顏淵曰：

「夫子之道至大，故天下莫能容。雖然，夫子推而行之，不容何病，不容然後見君子。」

孔子欣然許顏回之言。此卽爲陳蔡之厄。

孔子非不知天下遂不可爲；然疾世之固陋，欲行君子之義，（憲問 微子）故周遊天下，常有待賈而沽之意。（子罕）然天下亦無容膝之地，是以或欲乘桴浮於海；（公冶長）或欲居九夷；（子罕）或見鳳鳥不至，河不出圖，而有吾已矣夫之歎；（子罕）或在川上見流水，而有逝者如斯夫不舍晝夜之歎。（子罕）周遊十餘年，復歸故國。魯哀公及季康子雖屢問政，然終不能用孔子。孔子之政見因門弟子之仕魯而得行於世者，亦不少也。孔子教狂簡之弟子使就正，遂修詩書，筆削春秋，正禮樂，闡明易理，以開萬世教化之基。其間因子伯魚及門人顏回、子路等相繼死喪，孔子或至覆醢，或至慟哭。人生悲痛，無過此也。然孔子非徒爲愁怨者，蓋其信天極篤，安命樂道，毫無憂也。哀公十四年，齊大夫陳恆弑其君，孔子朝而請伐之。（憲問）雖齊強魯弱，然義不可默止，且孔子胸中自有成算；但其議不見用，惜哉！嗣是泰山頹，梁木壞，哀公十六年四月己丑日十一孔子遂卒，年七十三。葬於城北泗水之上，今山東曲阜縣北孔林是也。嗚呼！偉人之形骸雖朽於洙泗之上；然其遺風與天地共長久，萬古不滅。孔子之卒也，哀公誄之曰：

「旻天不弔，不憖遺一老，俾屏余一人以在位，煢煢余在疚。嗚呼哀哉！尼父無自律。」

弟子行心喪三年。喪畢，尚有不忍去者，廬於墓側。魯人依其墓而居者，共百餘家，因名曰孔里。

第二章 删述

世道衰微，亂臣賊子起，生民受塗炭之苦。孔子欲將道行天下以救蒼生，遂周流四方；然道大不容於羣小，歸而終老於魯國，空託遺經以垂教萬世，卽禮、樂、詩、書、易、春秋是也。史記世家記孔子晚年刪述六經之事云：

「孔子之時，周室微而禮樂廢，詩書缺。追跡三代之禮，序書傳，上紀唐虞之際，下至秦繆，編次其事。曰：夏禮吾能言之，杞不足徵也；殷禮吾能言之，宋不足徵也，足則吾能徵之矣。觀殷夏所損益，曰後雖百世可知也。以一文一質，周監二代，郁郁乎文哉！吾從周。故書傳禮記，自孔氏。……吾自衞反魯，然後樂正，雅頌各得其所。古者詩三千餘篇，及至孔子，去其重，取可施於禮義……三百五篇。……孔子晚而喜易序彖繫象說卦文言，讀易韋編三絕，曰假我數年，若是我於易則彬彬矣。……乃因史記作春秋，上至隱公，下訖哀公十四年，……約其文辭而指博，……筆則筆，削則削，子夏之徒，不能贊一辭。」

禮爲孔子最用力研究者，弱冠已有知禮之名。當時夏殷之禮，杞宋已不足徵；且王室衰微，諸侯或欲僭王踰法度惡周禮之害己，皆削去其典籍，故周禮亦多不備。幸而周禮盡在魯國，孔子因此得以整理之。今所存者有周禮、儀禮、禮記三書。而周禮儀禮通稱爲周公之作，禮記是孔門研究禮學之集錄也。次就樂言之，如史記所引謂孔子自稱由衞反魯，然後樂正，雅頌各得其所。此語見論語子罕章。是孔子整理音樂之確證也。然樂非徒鏗鏘鼓舞，必須將詩上絃管，又非別有經文。蓋即此三千餘篇之詩，孔子删爲三百五篇。此說史記載之，一時爲定說；然後人之異論亦不少，今不復細述。島田重禮先生嘗非删詩之說，舉下列三項以證之。

一、論語云：「詩三百，一言以蔽之曰：思無邪。」爲政又云：「誦詩三百，授之以政，不達；使於四方，不能專對。雖多，亦奚以爲？」子路察其語氣，則詩三百，是古來之定篇，非孔子之删定。

二、若讓一步，假使此爲孔子之删定，則何故墨子亦有詩三百之語？見墨子公孟篇儒教反對派之墨子，恐不能依據孔子之删定也。

三、左傳國語等所引用之逸詩，僅十之一二。若詩有三千，則饗宴之際，所賦在三百篇以外者，何其少也。

有此三證，則孔子無刪詩之事，殆可斷言矣。按孟子云：王者之迹熄而詩亡，詩亡然後春秋作。(離婁下)自周衰，采詩觀風之事亦不行，詩經所錄者，祇春秋以前所作而已。襄公二十九年，吳季札聘於魯，使奏樂而聽之。(左傳)其所奏之詩，與今之詩經相同，唯其順序異耳。孔子所謂正樂而使雅頌得其所者，蓋將今之詩經加以整理，而非刪定之。其序書傳，亦與詩同。據尙書緯所傳，謂：古書凡三千二百四十篇，孔子取其百二十篇，以百二篇爲尙書，以十八篇爲中候，而去其三千一百二十篇。是亦不足信也。詩書禮樂，春秋之際已並稱，以詩書爲義之府，以禮樂爲德之則，非待孔子而始重之也。周官外史掌三皇五帝之書，楚左史倚相亦能讀三墳、五典、八索、九邱，(左傳昭十二年)是則古已有此等書。然此等皆極珍祕之書，非普通人所得讀，不收錄於其平常書中，自孔子以前既然矣。論語述而章關於易經云：

「加我數年，五十以學易，可以無大過矣。」

史記所引孔子之語，與此少有異同，要之可證明孔子晚年始學易。故子路章亦引用周易恆卦九三爻辭而論之。後世據史記所說以十翼爲孔子所作，殆定說也。然歐陽修著易童子問及易或問始疑之，後人之疑者亦不少。予亦以爲十翼斷非孔子所作；然十翼之繫辭中含有孔子之思想，則無疑也。

春秋原爲魯史之名。昭公二年，韓宣子適魯，見易象與魯春秋。（左傳）韓宣子所見，卽孔子未加筆削之春秋也。後孔子感獲麟，將魯春秋加以筆削，而成爲今之春秋。蓋孔子畢生之心血，實傾注於此書。孟子滕文公下章云：

「世衰道微，邪說暴行有作，臣弑其君者有之，子弑其父者有之。孔子懼，作春秋。春秋，天子之事也。是故孔子曰：知我者，其惟春秋乎！罪我者，其惟春秋乎！」

離婁下章又云：

「王者之迹熄而詩亡，詩亡然後春秋作。……孔子曰：其義則丘竊取之矣。」

由此可以證之。以上六經，（樂經無文，實爲五經）或爲孔子之筆削，或經孔子之整理，實爲後世所宗仰之聖經也。禮記經解篇曰：

「溫柔敦厚，詩教也；疏通知遠，書教也；廣博易良，樂教也；絜靜精微，易教也；恭儉莊敬，禮教也；屬辭比事，春秋教也。」

莊子天下篇亦論六經曰：

「詩以道志，書以道事，禮以道行，樂以道和，易以道陰陽，春秋以道名分。」

二說最得六經之要旨，故附記之。

六經之外，更有載孔子之道者，卽論語。論語之內容，漢書藝文志所云最得要領。曰：

「論語者，孔子應答弟子時人，及弟子相與言，而接聞於夫子之語也。」

孔子所教之大旨，殆盡於此書。關於此書之編纂者，鄭玄謂：是仲弓、子夏等撰定；邢昺之正義謂：是仲弓、子游、子夏等撰定。然安井息軒非難之，謂曾子年最少，而論語中有記其臨終之言，是必非三子所撰定，此說不可易也。朱子集註舉程子之說云：

「程子曰：論語之書，成於有子、曾子之門人，故其書獨二子以子稱。」

然物徂徠之論語徵辯之曰：論語中以子稱者，閔子、冉子等亦以子稱，是則程說未妥當也。其他尙有種種之說，而皇侃所云，大體得當。其說曰：

「論語者，是孔子沒後，七十弟子之門人，共所撰錄也。」

蓋論語非出於一人之手，又非成於同時，是七十子及其門徒所作也。孔子之教所以大影響於天下後世者，固由其人格之偉大，實因六經、論語之儼然存在。删述大業之可尊重者，卽以此也。

第三章　孔子之人格

孔子幼而陳俎豆，設禮容，可見其資性決非尋常之人。然孔子亦非如後儒所謂生知安行之聖人。其晚年自述一生之學歷，謂始自志學，經過而立、不惑、知命、耳順之境，遂至從心所欲、不踰矩。程子論之曰：

「孔子生而知者也，言亦由學而至，所以勉進後人也。」為政章朱子集註所引

此是尊孔子而言，但非孔子為人之眞相也。然不獨程子為此言，孔子同時之人，亦有以孔子為生知之人者。觀孔子之自辯可知之。述而章云：

「我非生而知之者，好古，敏以求之者也。」

且孔子亦嘗云：

「唯上知與下愚不移。」陽貨

蓋分上智與下愚之別。又云：

「生而知之者上也，學而知之者次也，困而學之，又其次也，困而不學，民斯爲下矣。」季氏

將人之資性分爲生知、學知、困知、與困不學之四階級，由此觀之，孔子似爲生知之人。至於中庸祖述之稱曰：

「或生而知之，或學而知之，或困而知之，及其知之一也；或安而行之，或利而行之，或勉强而行之，及其成功一也。」

此分爲生知安行、學知利行、困知勉行之三階級。孟子亦稱曰：

「堯舜性者也，湯武反之也。」盡心下

是故後世所以謂聖人爲生知安行之人。然生知安行，從心理學上論之，則決非實在；不過有將來發達之可能性，猶如玉不琢則無光耳。若以孔子爲非凡人而神祕的，則孔子與吾人之間當畫不可越之鴻溝。其道過於高遠，如何仰之爲師乎？蓋孔子雖非凡人，然非神明，實與人同積修養而爲大聖。舜何人予何人之發奮心亦頓然振起，此孔子所以受尊崇也。謂孔子爲生知安行者，本欲尊之反而減其大。

孔子嘗曰：

「十室之邑，必有忠信如丘者焉，不如丘之好學也。」公冶長

可知資性與孔子相似者，世亦不少；其所以不能爲孔子者，因不如孔子之好學耳。孔門之弟子三千，身通六藝者僅七十二人，而顏回獨以好學稱，先進及雍也可知好學之不容易也。孔子嘗曰：

「君子食無求飽，居無求安，敏於事而愼於言，就有道而正焉，可謂好學也已。」學而

是卽孔子之所謂好學也。若眞好學如顏回，則可爲顏回；好學如孔子，卽可爲孔子。衛靈公章曰：

「吾嘗終日不食，終夜不寢，以思，無益，不如學也。」

可想見其好學之篤。里仁章曰：

「朝聞道，夕死可矣。」

可見其學道之熱心。孔子嘗答哀公曰：

「文武之政，布在方策。」中庸

子貢亦嘗云：

「文武之政，未墜於地，在人。」張子

孔子生於魯國，尚見文武之政未於墜地，故非常熱心學之。自志學而至晚年，孜孜不怠。或學於郯子，問於老聃萇弘，凡每有機會必就而學之。嘗自稱爲之不厭。述而又云。

「發憤忘食，樂以忘憂，不知老之將至。」

易所謂天行健，君子以自強不息，乾象實孔子之謂也。其日月有進境，所以遂成大聖也。

孔子之性情，可想像其壯時稍露圭角，與年共進老成。其信道甚篤，毅然不屈。孔子爲司寇，七日而誅聞人少正卯，可知其非優柔不斷之人也。至如謀墮三都，減執政之權以強公室，雖中道未成；然可知其識見非凡，決非尋常腐儒之比。又如夾谷之會，齊人以孔子知禮而無勇，思以武力壓服魯國；然孔子嚴重武備，執禮不撓，助弱魯而制強齊，以張國權。或當陳蔡之厄，弦誦不衰；或遭宋人匡人之難，而述其絕大之抱負，眞毅然不可動。孔子嘗曰：仁者必有勇，憲問蓋夫子自道也。

孔子意志已堅固，又最富同情。伯牛臥疾，孔子親視之而歎曰：斯人也而有斯疾也。雍也顏回於匡人之難，在後未來，或疑其死，孔子憂之。先進及顏回卒，孔子哭之慟。先進子路死於衛之亂，孔子爲之覆醢。

檀弓其他觀孔子對門人之言行，恩情如子，故門人之視孔子亦如其親。且不獨對門人爲然，雖對旁人亦然。述而章曰：

「子食於有喪者之側，未嘗飽也。子於是日哭，則不歌。」

蓋見有喪者之慘然，則悲哀之情滿胸，雖食不知味。既一度哭之，則悽惻之情終日不忘。鄉黨章曰：

「見齊衰者，雖狎必變；見冕者與瞽者，雖褻必以貌；凶服者式之。」

見著喪服者，則想其悲愁；見瞽者，則憐其不自由，必改容以對之。可見其富於同情矣。述而章曰：

「子釣而不綱，弋不射宿。」

孔子已釣弋，雖比於佛氏之戒殺生，則似不及；然魚鳥原爲人類之食品，且不殺一切之生物是不可能，所謂過猶不及者也。孔子取其中庸，故雖釣而不以網一舉盡之；雖弋而不射宿鳥，所謂恩及禽獸也。

觀孔子日常之行爲，亦足以髣髴其人。其於鄉黨、於宗廟朝廷、或平時之起居、動作、飲食、衣服，皆詳於鄉黨章。風俗習慣雖難以今而推古，然就其飲食起居言之，如論語云：

「食不厭精，膾不厭細。食饐而餲，魚餒而肉敗不食，色惡不食，臭惡不食，失飪不食，不時不食……沽酒市脯不食……不多食。」鄉黨

可知其重衞生。又云：

「割不正不食，……食不語。」鄉黨

可知其臨事而守正。又云：

「寢不言……席不正不坐，……升車必正立執綏，車中不內顧，不疾言，不親指。」鄉黨

可知其莊敬而守禮。然不流於迂拘，日常優遊自如。述而章曰：

「子之燕居，申申如也，夭夭如也。」

或時亦善戲謔焉。又精通音樂，孔門琴瑟之聲不絕，又以博學多能稱。子罕章達巷黨人及太宰語 據此觀之，則孔子決非枯澀固陋之道學者也。子罕章曰：

「子絕四，毋意，毋必，毋固，毋我。」

蓋無論是非，不行自己之意見則不止，此等剛愎，是孔子所禁絕也，孔子當然無意必固我矣。子貢嘗

評曰：

「夫子温良恭儉讓。」學而

子貢爲孔門十哲之一，其所言最能表現孔子之性格。述而章曰：

「子温而厲，威而不猛，恭而安。」

此更足形容孔子不失中庸之道。蓋孔子居常重中庸，絕無奇矯過激之行。嘗歷評逸民伯夷、叔齊、柳下惠等而終自稱曰：

「我則異於是無可無不可。」微子

孟子亦嘗論孔子曰：

「可以仕則仕，可以止則止，可以久則久，可以速則速，孔子也。」公孫丑上

又云：孔子聖之時者也。萬章下　又云：仲尼不爲已甚者。離婁下　此言表現孔子之圓滿性格，無餘蘊矣。

要之，孔子非神而實人，蓋積修養而爲大聖之人也。其爲人信道篤，毅然不可動；然極富同情。守禮而莊敬；然多趣味而不固陋，無奇矯之言行。是一最圓滿性格之人也。

第四章　孔子之集大成

祖述憲章之語見於中庸。孔子亦嘗自云：「述而不作，信而好古。」述而然則果如何祖述堯舜？如何憲章文武？鄭玄論之曰：

「此以春秋之義，說孔子之德。孔子曰：吾志在春秋，行在孝經，二經固足以明之：孔子所述堯舜之道，而制春秋，而斷以文王武王之法度。」禮記中庸註

此專就春秋言之。春秋爲天子之事，則其從堯舜之道，文武之法，不待言矣。然祖述憲章，非獨止於春秋，凡孔子之一切教理悉足以蔽之；然則祖述何物？憲章何物？請進而論之。

蓋中國之古代政教一致，天子爲億兆之君師，爲天下之儀表。堯以克明峻德致雍和之政，舜能允執厥中而治天下，禹湯文武皆以身爲天下模範。洪範所謂皇建其有極是也。又據周易謂：人君居九五之位，以中正之德臨天下。要之，以修己爲治人之本，古先聖王莫不皆然，修己卽道德方面，治人卽政治方面也。道德與政治，現今雖分之爲二；但其實不可截然爲二事。於古代政教一致之世，以此

爲不二之法，蓋先王君臨億兆，行其道而兼布其教也。孔子之志，亦畢竟在於修己治人，十五歲已立此大志。因欲行此大志周遊天下，席不暇煖；不幸遭世之亂離，道大不容於羣小，遂以教授終老於魯。是孔子所以祖述堯舜之一也。

以政教根本出於天之思想，古今共通。堯舜以來無不崇拜天，孔子之根本教義，亦不外天之思想，是孔子所以祖述堯舜之二也。

孔子之道一以貫之。曾子曰：夫子之道忠恕而已。然所謂一貫者何？古今之聚訟紛紛。今舉其大要，蓋夫子一貫之道，卽仁而已。當時以無過不及不偏不倚稱曰中庸，申言之，則一貫之道，其內容爲仁，其形式爲中庸。仁與中庸非二物也，唯其所見者異，故異其名耳。博文約禮，所以達到仁之方法也，卽仁爲修己之標的，而博約爲修己之方法也。允執厥中之中，爲舜之傳心訣，洪範周易等皆無不重視此中道。孔子之說中庸，卽祖述之；然不獨止於形式，進而道破其內容，而稱之曰仁，以明修己之標的，此屬孔子之創見，是可注意之點也。

禮之意義分爲三，卽政治的法制，社會的典禮，倫理的禮儀是也。博約之禮，有倫理的意義；所謂禮樂之政，及以禮讓治天下，則有政治的及社會的意義。孔子有制定禮樂之志，是不可疑也。其禮樂制定之方針，觀其答顏淵之語，可略推測之，大體依周制，孔子已自述之。所謂憲章文武，卽關於此點也。

以修己爲治人之本，以政教之本在天，此二點是孔子祖述堯舜之大綱也。鄭玄所謂堯舜之道，蓋不外如此。至言其細目，則修己爲倫理方面，祖述舜之心訣；治人爲政治方面，憲章周之禮制。鄭玄所謂憲章文武之法度是也。修己與治人，互相關聯，故中庸關聯政治方面，而禮亦關聯倫理方面，不待言也。孟子曰：孔子之謂集大成。萬章下集大成者，卽指上述諸點也。

第五章　孔子教之目的

孔子教之目的，可從二方面說之：一爲修己，卽倫理方面；一爲治人，卽政治方面也。

孔子之資性雖非凡，然非生知安行之聖人。自十五歲志學始，（爲政）繼續以熱心修養，而從容達於中庸之域。或曰朝聞道，夕死可矣；（里仁）或曰：發憤忘食，樂以忘憂，不知老之將至；（述而）可想見其求道之念極切也。孔子之所謂學問，不獨磨鍊知識，必以修身爲目的。憲問章曰：

「古之學者爲己，今之學者爲人。」

程子解之曰：

「爲己，欲得之於己也；爲人，欲見知於人也。」（朱子集註所引）

此說得之矣。憲問章又曰：

「不患人之不己知，患其不能也，」

衞靈公章亦曰：

「君子病無能焉，不病人之不己知也。」

此二節雖爲於不遇時之訓戒，然亦爲修己之一道也。要之，學問之目的，不求人之知，而在乎修己。孔子之教門弟子，因各人之特性，發揮其各自所長，務使成就其才。其方法大概以仁爲標的，以博約達之。高足弟子顏回最能博約，以達於三月不違仁之域，故孔子以好學許之。雍也 先進 顏回已近於達修己之大道，故孔子曰：回也其庶乎。先進

當時世衰道微，亂臣賊子踵起，生民受塗炭之苦，故孔子嘗有以道濟天下生民之志。仕魯而欲行其道，或去而周流天下，皆爲此也。公山弗擾以費畔，召孔子，孔子欲往，子路不悅，孔子語曰：

「夫召我者，而豈徒哉？如有用我者，吾其爲東周乎！」陽貨

佛肸以中牟畔，召孔子，孔子亦欲往，子路不悅，孔子語曰：

「不曰堅乎，磨而不磷；不曰白乎，涅而不緇。吾豈匏瓜也哉，焉能繫而不食？」陽貨 兩事雖不果行，可見孔子之志所存，常在天下國家也。蓋孔子自信苟有用我者，則必能平天下。故曰：

「苟有用我者，期月而已可也，三年有成。」子路

觀其相魯時之政治的手腕，則知其自信，決非妄想也。唯其出處進退不苟，故每至一國，必聞其政，學而遂不能容焉。子貢謂夫子之道至大，天下莫能容，非虛語也。子罕章亦曰：

「子貢曰：有美玉於斯，韞匵而藏諸，求善賈而沽諸？子曰：沽之哉！沽之哉！我待賈者也。」

觀此可知其出處不苟。常思得明主而助之，行其道於天下；然此志不遂，無人用之。其教子弟，亦始終不離政治之思想。是故周流天下，雖在行李匆匆之間，亦屢以天下之政治語其門下。嘗於子路、曾皙、冉有、公西華侍坐時，使四子各言其志。子路、冉有、公西華各言發揮其政治上之手腕，孔子不與之；而反喟然嘆賞曾皙之言云：

「莫春者，春服既成，冠者五六人，童子六七人，浴乎沂，風乎舞雩，詠而歸。」先進

觀此，可知孔子似不喜爲政而好隱逸，蓋因天下之道難行，偶發此歎。孔子雖知道不行，猶務盡自己先覺之責，故石門之晨門評孔子云：

「是知其不可而爲之者與。」憲問

楚狂接輿歌鳳兮之歌而諷孔子曰：

「鳳兮鳳兮，何德之衰！往者不可諫，來者猶可追，已而已而！今之從政者殆而！」微子

其他多數之隱士皆譏孔子知其不可而強爲。孔子對之亦表示其思想下列之記述是也。

「子擊磬於衞，有荷蕢而過孔氏之門者，曰：有心哉擊磬乎！既而曰：鄙哉！硜硜乎！莫己知也，斯已而已矣！深則厲，淺則揭。子曰：果哉！末之難矣。」憲問

「微生畝謂孔子曰：丘何爲是栖栖者與？無乃爲佞乎？孔子曰：非敢爲佞也，疾固也。」憲問

「長沮、桀溺耦而耕，孔子過之，使子路問津焉。長沮曰：夫執輿者爲誰？子路曰：爲孔丘。曰：是魯孔丘與？曰：是也。曰：是知津矣。問於桀溺，桀溺曰：子爲誰？曰：爲仲由。曰：是魯孔丘之徒與？對曰：然。曰：滔滔者，天下皆是也，而誰以易之？且而與其從辟人之士也，豈若從辟世之士哉。耰而不輟。子路行以告，夫子憮然曰：鳥獸不可與同羣，吾非斯人之徒與而誰與？天下有道，丘不與易也。」微子

孔子所以苟欲行道者，因天下無道也，疾世之固陋也。世不知己，則己獨善，孔子非無此果斷；唯因仁人之情有所不忍耳。微子章又曰：

「子路從而後，遇丈人以杖荷蓧。子路問曰：子見夫子乎？丈人曰：四體不勤，五穀不分，孰爲夫子？植

其杖而芸。子路拱而立，止子路宿，殺雞爲黍而食之，見其二子焉。明日子路行以告，子曰：隱者也。使子路反見之。至則行矣。子路曰：不仕無義。長幼之節，不可廢也；君臣之義，如之何其廢之？欲絜其身，而亂大倫。君子之仕也，行其義也，道之不行，已知之矣。」

朱子集註云：子路述夫子之意如此。又云：

「福州有國初時寫本，路下有反子二字，以此爲子路反而夫子言之也。未知是否？」

雖不必依福州本而加反子之二字；然此言是子路述夫子之意，此說甚確。由是觀之，則孔子周流天下，蓋因君臣之大義不可廢也；道之不行，孔子固已知之。卽孔子之目的，於政治方面由治人之點見之。

孔子教之目的，如上所述，分言之則雖爲倫理的及政治的之二者；然修己與治人，非可截然分之也。以本末言之，則修己爲本，治人爲末；以體用言之，則修己爲體，治人爲用。身修而後治天下國家，身不修而治天下國家者，未之有也。此點實爲堯舜以來之教，而孔子祖述之。大學最能以系統的敍述此意，當於後節論之。

第六章　倫理說

一　一貫　中庸　仁

孔子教之目的，不外修己治人之二端。而孔子畢生之事業，亦不出此二途。孔子有非凡之資性，自志學始而終歸於從容自適之域，充分達其修己之目的焉。孔子爲司寇，執魯國之政，或周流四方，欲行道於天下，此爲其政治事業；教訓三千之弟子，使各成其才，此爲其教育事業；筆削六經，以垂教萬世，此爲其刪述事業；以上三大事業，卽將以遂行治人之目的也。孔子之言行雖多端，然皆爲此二大目的。孔子之大精神，一貫此等事業，始終不渝，故曰吾道一以貫之。衞靈公章曰：

「賜也，女以予爲多學而識之者歟？對曰然。非歟？曰非也，予一以貫之。」

據此一節，則子貢雖爲孔門十哲之一，以聞一知二著稱，猶不知孔子一貫之道，則其他可推知矣。唯曾子獨知之。里仁章曰：

「參乎！吾道一以貫之。曾子曰唯。子出，門人問曰：何謂也？曾子曰：夫子之道，忠恕而已矣。」

由此觀之，曾子之知識似優於子貢。而曾子解孔子一貫之道爲忠恕，其言果當否？

孔子甚重中庸。雍也章曰：

「中庸之爲德也其至矣乎！民鮮久矣。」

此語於中庸亦引用之以爲孔子之言。先進章評師商之二弟子曰：師也過，商也不及。又曰：過猶不及。是則所重者爲過與不及也。子路章曰：

「不得中行而與之，必也狂狷乎。」

不得已而後取狂狷，可知其仍重中行也。或云過猶不及，或云中行，其用語雖異，其實與中庸同也。且中庸引孔子之言曰：

「君子中庸，小人反中庸。君子之中庸也，君子而時中，小人之中庸也，小人而無忌憚也。天下國家可均也，爵祿可辭也，白刃可蹈也，中庸不可能也。」

其他所謂：回之爲人也擇乎中庸；君子依乎中庸，中立而不倚；舜執其兩端，用其中於民；知者過之，愚者不及；諸如此類之言，不遑枚舉。孟子亦云：仲尼不爲已甚者；(離婁下) 又云聖之時者；(萬章下) 此可證孔子之重中庸也。且中庸是舜之傳心訣，洪範、周易等皆重之，孔子蓋祖述之也。然則所謂一貫之道者，豈非中庸歟？中庸是道之不偏不倚過無不及，卽形容道之狀態。申言之，則中庸是道之形式的說明也。

孔子所謂吾道一貫，其形式爲中庸。則其內容如何？曰仁是也。請就於孔子之所謂仁而略述之：孔子以前亦有稱仁。周官大司徒之職，並稱知仁聖義忠和爲六德，是則不偏重於仁也。詩鄭風叔于田之章，稱大叔段曰：洵美且仁。孔穎達疏解之曰：仁爲行之美名。然孔子所謂仁未嘗自居之，除二三人之外，殆無以仁許之者，可見其重視仁也。而論語中所說之仁，隨時而異，因人而不同，殆無所適從。然細考察之，蓋孔子不解說仁之本體，唯說明爲仁之方法，及仁之效果，與夫仁者之心理，使人髣髴仁爲何物而已。故古來解說仁者各異其所見。程伊川曰：

「四德之元，猶五常之仁，偏言則一事，專言則兼四者。」易傳

此語解釋四德（卽元亨利貞）之元字，元有偏言專言之別；然同時五常（卽仁義禮智信）之仁，亦有偏言專言之別。孔子未嘗輕許之仁，卽程子所謂專言之仁；而智仁勇並稱之仁，卽程子所謂偏言之仁。申言之，如程子所說仁有廣義狹義之別，就於狹義（卽偏言之仁）將於下文之德論

述之。今先就廣義（卽專言之仁）而言。

朱子解釋仁曰「仁者，心之德愛之理也。」仁爲心之德，固無論矣；然義禮智信亦爲心之德也。至如謂仁爲愛之理，則有語弊，蓋不免有宋儒之臭味。按仁者只爲德而非理也。邢昺解曰：「仁者善行之大名。」論語疏此解釋與詩鄭風孔穎達疏相同。太田錦城著仁說三種，亦取此說。仁者固爲善行之大名，然義禮智信亦爲善行之大名。且此說明爲抽象的形式，而未能說破仁之內容。物徂徠解說仁爲長人安民之德。徂徠原爲主張以禮樂刑政治天下之學者，故偏其所好，由政治的方面而解釋仁之義。若仁者在長上之位，則當然安民不容疑矣。雖然，仁者非獨有政治的意義，申言之，則仁非僅爲統治者之德也。且長人安民，是仁德之結果論的解釋，而非仁者之心理的解釋，亦非仁德之動機論的解釋也。以上諸說，皆未足使人首肯。伊藤仁齋解釋仁曰：

「慈愛之德，遠近內外，充實通徹，無所不至之謂仁。」

此蓋爲最穩當之解釋也。

佛陀說慈悲，耶穌說博愛，孔子說仁。此三聖人之時代國境地位皆異，而其所說不期而同出一轍，共置重於情。凡置重於意者，其長處在果斷，而往往失於過嚴；置重於智者，其長處在明察，而易陷於冷酷；置重於情者，其長處在可親可愛，而流於優柔不斷。然意志及智慧之人，可使人畏敬；若夫使人心感動不能忘懷者，卽重情之人也。三聖人之教，皆在百世之下有感動人之力，雖由其人格之偉大，抑亦因其重情使然也。此爲三聖共通之點，但亦有少差異。佛陀與耶穌是出世的，孔子是人世的；佛與耶之教爲宗教，而孔教爲倫理也。雖同說仁愛，然佛與耶說純粹之平等博愛，於神佛之前，萬人平等，人爲神之子，萬人皆同胞，故無論何人須同樣愛之。孔子之所謂仁，與此差異，不承認絕對之平等博愛，主張依內外親疏而其愛有差別。然顏淵章曰：

「司馬牛憂曰：人皆有兄弟，我獨亡。子夏曰：商聞之矣，死牛有命，富貴在天。君子敬而無失，與人恭而有禮，四海之內，皆兄弟也。君子何患乎無兄弟也？」

朱子解釋商聞之一句，謂聞之於夫子，此解甚當。四海之內皆兄弟之語，出於孔子，則是與平等博愛說無異也。學而章亦曰：

「弟子入則孝，出則弟，謹而信，汎愛衆，而親仁。」

汎愛與博愛，其用語相似。孔子之語，近平等博愛說者，有以上之二節使人有誤解之虞，不得不以一言辯之。蓋孔子之教主張由親以漸及疏，就此二節之語察之，則前者於敬而無失、恭而有禮之條件下，始許認四海兄弟；而非謂絕對四海皆弟兄也。後者雖曰汎愛衆；然專親愛仁者，可知其愛仍有等差。熟讀前後之文，則了解孔子之言決非主平等博愛。且徵諸下列所引更可知之。里仁章曰：

「惟仁者能好人，能惡人。」

其對於人，或好之或惡之，決非無論何人皆愛之也。申言之，卽承認正當之愛憎好惡。憲問章亦曰：

「以德報怨何如？子曰：何以報德，以直報怨，以德報德。」

以德報怨，是老子第六十三章之語。蓋當時有爲此說者，此卽純然之平等博愛說也，而孔子非之。可見孔子雖有汎愛及四海兄弟之語；然實主張差別的平等博愛，甚明白矣。凡人於精神及肉體生來非平等，從而社會之階級決不能絕對廢止。無差別之平等，是惡平等也；無差別之博愛，是妄博愛也。就於此點，儒教勝於耶佛二教，是余所深信而不疑也。

仁爲慈愛之德，前已述之。而此仁德可從政治及倫理之二方面觀察之。孔子教之目的，在於修己治人，故以仁修己，亦以仁治人。若謂仁所以修己而非以治人；或謂仁所以治人，而非以修己；皆大謬誤，全非孔子之眞意也。請先由政治方面論之。若仁者爲君主，則須安民，使恩澤光被於一世。故曰：

「如有王者，必世而後仁。」子路

蓋以三十年爲一世，其意謂雖天下混亂，若有王者施仁政，則經三十年之久，德澤被四海，萬民無不得其所也。孔子嘗評管仲曰：「管仲之器小哉！」又曰：「管氏而知禮，孰不知禮。」八佾 且子路子貢對管仲亦有疑問；然孔子終稱贊管仲曰：「如其仁。」

「子路曰：桓公殺公子糾，召忽死之，管仲不死，曰未仁乎？子曰：桓公九合諸侯，不以兵車，管仲之力也。如其仁，如其仁！」憲問

「子貢曰：管仲非仁者與？桓公殺公子糾，不能死，又相之。子曰：管仲相桓公，霸諸侯，一匡天下，民到於今受其賜。微管仲，吾其被髮左衽矣！豈若匹夫匹婦之爲諒也，自經於溝瀆而莫之知也。」憲問

欲明此二章之意義，須先將當時之事情略述之。按春秋傳云：齊襄公立而無道，鮑叔牙知亂將作，奉公子小白出奔莒。及襄公從弟公孫無知弒襄公，管夷吾、召忽奉公子糾出奔魯。既而齊人殺無知。魯

伐齊，將納公子糾；而小白自莒先入，是爲桓公。敗魯軍，乃使魯殺子糾，執管召送齊，召忽死之，管仲爲囚。既而桓公釋之，擢以爲相。公子糾爲襄公之弟，而小白之兄也。若嗣國以長爲先，則子糾當立，而小白之立不當也。且管仲不能死其所仕，而反仕其仇，此子路子貢所以疑也。孔子平常重君臣之大義，如彼而猶以仁許管仲，其何故歟？考其理由如次：

一、桓公九合諸侯，不以兵車，管仲之力也。

二、管仲相桓公，霸諸侯，一匡天下，民到於今受其賜。微管仲，吾其被髮左衽矣。

卽內則一匡天下，九合諸侯，以安民；外則攘夷狄，使免陷以被髮左衽之俗，天下後世皆沐其恩澤。蓋以管仲之政治功業，故稱彼爲仁。要之，由政治方面觀之，則仁者有長人安民之德，其恩澤施於天下後世者也。物徂徠解釋仁爲長人安民之德，卽根據此意義；然此解釋非仁之全豹也。

仁又有倫理的意義。就於論語中孔子所說考之，則仁可分爲對他對己之二者述之。而對他的方面，又可分爲二，卽慈愛與忠恕是也。

仁爲慈愛之德，故對於有仁德之他人必愛之。顏淵章曰：

「樊遲問仁，子曰：愛人。」

大之天下國家，小之一鄉一家，仁者皆無不愛之，所謂博愛及衆，卽仁者之事也。若夫見孺子將陷於井，不勝怵惕惻隱之心，皆無非出於此慈愛之情也。曾子曰：

「夫子之道，忠恕而已。」朱子曰：

「盡己之謂忠，推己之謂恕。」

此說最簡且得要。蓋仁者之對人，必從心中發出，無一點之虛僞；胸中之同情流溢而爲恕，卽仁者思以眞心接人。故雍也章曰：

「夫仁者己欲立而立人，己欲達而達人，能近取譬，可謂仁之方也已。」

顏淵章仲弓問仁，孔子答之曰：

「己所不欲，勿施於人。」

前者爲積極的，後者爲消極的；然施之於己身，則一也。往年或人評孔子之教爲消極的，所謂勿之主義，此說頗博世人之信用；然此知其一而未知其二，試讀上文引用雍也章之言，可明白其謬誤矣。

仁爲慈愛之德，原來用以對他的；然孔子亦認仁爲對己的。所謂對己的，卽就於仁者之容貌態度及精神而言之。此可分之爲三：一克己，二重厚，三悅樂是也。

孔子曾答顏淵曰：「克己復禮爲仁。」詳解釋之，則克者，勝也；己者，身之私慾也；克己者，戰勝己之私欲也；復禮者，立反於禮也。蓋私慾不克，則對他人之慈愛同情，到底不能充分行之。故曰：「克己復禮爲仁。」王陽明嘗曰：「破山中之賊易，破心中之賊難。」克己之困難，眞如陽明之言，故克己須要絕大勇氣。憲問章曰：

「仁者必有勇，勇者不必有仁。」

孔子臨夾谷之會，遭宋匡之迫時，發揚其大勇氣，卽爲此也。又仁者必重厚而不浮薄。子路章曰：

「剛毅木訥近仁。」

又仁者之言必不苟。故顏淵章曰：「仁者，其言也訒。」反之，輕佻者，則絕少能仁。故學而章曰：

「巧言令色，鮮矣仁。」陽貨章亦云

蓋仁者之胸中，仰不愧於天，俯不慚於地，公明正大，而常不勝悅樂者也。故曰：「仁者不憂，」子罕又曰：

「仁者壽，」（雍也）皆指此也。所謂仁者之眞勇，實由於自反省而不忸怩。今以圖表示上述之諸點如次。

- 道
  - 治人（政治的）
  - 修己（倫理的）
  - 一貫
    - 形式——中庸
      - 政治的
      - 倫理的
    - 內容——仁（慈愛之德）
      - 政治的——長人安民（恩澤）
      - 倫理的
        - 對他
          - 慈愛
          - 忠恕
        - 對己
          - 克己——勇氣
          - 重厚（外貌）
          - 悅樂（內心）

將孔子所謂仁，分析其所含之思想而得之結果，卽如上所述。然更考之，對己的方面，是表現仁者之容貌態度及精神，分之爲克己、重厚、悅樂之三者。而克己重厚之極致，歸於胸中之悅樂。信天樂道，以入於所謂法悅之域，以之對自然，觀人生，所謂無入而不自得也。以之對人，則爲慈愛，爲忠恕；以之臨政，則能安民，恩澤被於世。卽以悅樂而包括一切。以體用言之，則悅樂爲體，而對他的及政治的皆其用也。一貫孔子畢生之事業觀之，卽爲孔子之仁德，其形式卽中庸也。從主觀的言之，則夫子之胸中不勝悅樂；從客觀的言之，則夫子慈愛之德發而爲忠恕。曾子謂夫子之道，忠恕而已，卽指此也。

二　博文約禮

仁者以修己治人，故仁卽爲孔門研究之目的也。孔子謙讓，未嘗以仁與聖自居；（述而）然其已達大成至聖之域，固無論也。顏回之好學，卽學此仁，而至於三月不違仁。（雍也）曾子嘗曰：

「士不可以不弘毅，任重而道遠。仁以爲己任，不亦重乎？死而後已，不亦遠乎？」（泰伯）

可見其以仁爲終生之目的，有死而後已之決心。然不獨曾子，凡孔門諸子皆無不以仁爲目的。故諸弟子屢問仁於孔子，孔子關於仁之說，細大不遺，記錄於論語中。孔子嘗因其所問之人性情如何而答之。惟到達於仁之道，無他，博文約禮是也。故曰：

「博學於文，約之以禮，亦可以弗畔矣夫。」（雍也 顏淵）

顏回爲孔門之最高弟子，嘗喟然歎曰：

「夫子循循然善誘人，博我以文，約我以禮。」（子罕）

可知孔子之所以教顏回，不外博文約禮之二途。是則博約卽所以達到仁之域，不容疑也。述而章曰：

「子所雅言，詩書執禮，皆雅言也。」

雅言，孔安國解之爲正言。正言者，於他處雖有用方言；而當讀詩書執禮之時，則用正音也。朱子解曰：雅言者，常言也。予從孔安國之說。然此二說皆表明孔子常重視詩書執禮而不苟也。詩書爲博文，執禮爲約禮，是不待言矣。季氏章曰：

「陳亢問於伯魚曰：子亦有異聞乎？對曰：未也。嘗獨立；鯉趨而過庭，曰：學詩乎？對曰：未也。不學詩，無以言。鯉退而學詩。他日又獨立；鯉趨而過庭，曰：學禮乎？對曰：未也。不學禮，無以立。鯉退而學禮。聞斯二者。陳亢退而喜曰：聞一得三，聞詩，聞禮，又聞君子之遠其子也。」

孔子雖教其子伯魚，並無異聞，唯使學詩學禮而已。此即所謂博文約禮也。近時論者或謂君子之遠其子，是孔子不熱心於家庭教育。此是不明古代中國之禮，一知半解之說，不足取也。

孔門詩書之研究甚盛，至其以如何方法，則當於下節教育說述之。茲試就禮一言之。不博學，則不能以致知；然知而不約之以禮，則流入支離。以先後言之，則博文爲先；以輕重言之，則約禮爲重。故顏回問仁，孔子答以克己復禮，(顏淵)是教以約禮之要義也。至問其目，則答曰：非禮勿視，非禮勿聽，非禮勿言，非禮勿動。視聽言動，無一非禮，則可稱復禮。古注云：復，反也。朱子亦從之。伊藤仁齋解云：反復之意，或又解復爲踐履之意。然予從朱子之說也。要之，禮爲孔子所重，幼時已陳俎豆，設禮容，後長而有知禮之名。八佾章曰：

「子入太廟，每事問。或曰：孰謂鄹人之子知禮乎？入太廟，每事問。子聞之曰：是禮也。」

可見孔子當時以知禮名，孟僖子亦稱之。（左傳昭七年）其名遠聞於鄰國。夾谷之會，齊人謂孔丘知禮而無勇，可以證之矣。（左傳定十年）抑禮之意義，分爲政治的，社會的，及倫理的之三者；而約禮以倫理的爲主，是不待言也。今暫捨政治的及社會的之禮，而專就倫理的禮法言之。孔子之所謂禮，有內外之二義，從外形式而言，則其進退應對之節，皆須適度；然徒拘形式之末，而於其精神缺乏敬之念，則非禮之本意。陽貨章云：

「禮云禮云，玉帛云乎哉！」

又林放問禮之本，孔子答曰：

「禮與其奢也寧儉，喪與其易也寧戚。」八佾此卽置重禮之內容的精神也。學而章云：

「有子曰：禮之用，和爲貴，先王之道斯爲美，小大由之。」

此語雖非出自孔子，然從孔子之性格推之，則孔子莊敬而守禮，其態度申申如也，夭夭如也，而述故有子之言，甚得孔子之意。茲以圖解示以上所述如次：

- 修己之法
  - 博文
    - 詩
    - 書
  - 約禮
    - 政治的
    - 社會的
    - 倫理的
      - 外——形式——中節
      - 內——精神
        - 體——敬
        - 用——和

孔子重禮之點，其後荀子祖述之。荀子謂以禮矯正人性之惡，修己之結果，得爲聖人。事詳後節。

三　德論

孔子之德論，分爲智仁勇之三者。憲問章曰：

「君子道者三，我無能焉：仁者不憂，智者不惑，勇者不懼。子貢曰：夫子自道也。」

子罕章亦曰：

「知者不惑，仁者不憂，勇者不懼。」

智仁勇之三者並稱，此時之仁，爲狹義之仁，程子所謂偏言之仁也。其他或並稱仁與智。里仁章曰：

「仁者安仁，知者利仁。」

雍也章亦曰：

「知者樂水，仁者樂山；知者動，仁者靜；知者樂，仁者壽。」

又仁與勇並稱。憲問章曰：

「仁者必有勇，勇者不必有仁。」

要之，孔子並稱智仁勇之三德。但就仁智之二者言之，則安仁勝利仁；就仁勇之二者言之，則仁者勝勇者也。至子思祖述之，則云智仁勇三者，天下之達德也。此三德甚類似康德之知情意三分法，知者智也，情者仁也，意者勇也。其他於論語中，或言義，如里仁章曰：

「君子之於天下也，無適也，無莫也，義之與比。」又曰：「君子義以爲上。」陽貨 或言信，如顏淵章曰：「民信之矣，…民無信不立。」又曰：「敬事而信。」學而 又曰：「謹而信。」學而 或又重禮。然孔子之德論，結果歸於智仁勇之三者。程伊川謂專言之仁，兼義禮智信之四者。然孔子未嘗言五常，孟子只言仁義禮智之四德；至漢董仲舒始說五常，其事詳後節。

四 義務論

上古純樸之世，君主卽氏族之酋長，臣民卽其弟子。申言之，則君臣之關係，只家長與家族之關係耳。故其所教，只家庭道德已足矣。其後漸次發達，進步合併多數氏族，而擴張團體之範圍，君臣之關係，亦不如舊日之簡單，社會的關係，亦漸複雜，於家庭道德之外，不得不加以社交道德及國家道德，自然之勢也。舜命契以五教布於百姓，此卽家庭道德也。臯陶謨所謂五典亦同。然經夏商至周，因國家之發達，與社會之變遷，於是複雜之義務論遂起矣。

孔子雖未曾以組織的說述義務論；然孔子之思想中，其義務論實渾然存在也。孔子嘗對魯定公曰：「君使臣以禮，臣事君以忠。」八佾 又嘗答齊景公之問政曰：「君君，臣臣，父父，子子。」顏淵 可知其重視君臣父子之二倫也。中國古代國民思想，謂君主是代天教養萬民而設。故天命猶在之時，事君如事天；然天命若一旦離去，則無服從君主之義務。是則君臣關係爲相對的，國家之基礎，不免薄弱，統治之不便，不可勝言。及世襲之風起，漸次加入家族主義，視君臣關係，如父子關係，恰如上古純樸之世氏族酋長與其子弟之關係。洪範云：「天子作民父母，以爲天下王。」即謂此也。詩經亦云：

「普天之下，莫非王土；率土之濱，莫非王臣。」

孔子最重視君臣之關係，所以其答景公，先言君臣也。孔子又重家，其答弟子問孝之言，不遑枚舉。又屢並稱孝弟云：

「弟子入則孝，出則弟。」學而

又引書云：

「書云：孝乎！惟孝友于兄弟，施于有政。」爲政

弟子有若嘗曰：

「其爲人也孝弟，而好犯上者鮮矣。……孝弟也者，其爲仁之本與。」學而

蓋以孝弟爲仁之本，不獨有子爲然。孟子亦云：

「仁之實，事親是也；義之實，從兄是也。」離婁上

蓋謂仁義之實，不外孝弟也。論語之編纂者，以有若之言置於首章之次，因其得孔門之眞意也。要之，孔子承認父子及兄弟之二倫，彰彰明矣。又於朋友則云：

「有朋自遠方來，不亦樂乎。」學而

又曰：

「朋友信之。」公冶長

又曰：

「樂多賢友，益矣。」季氏

又曰：

「益者三友，損者三友：友直，友諒，友多聞，益矣；友便辟，友善柔，友便佞，損矣。」季氏

是擇友者所不可不知也。又云：「無友不如己者。」學而 蓋友所以輔仁，不如己者，則無益而有損。且人

之患好爲人師，故不可與不如己者爲友也。子貢問朋友之道，孔子答曰：

「忠告而善道之，不可則止，毋自辱焉。」顏淵

忠告善道之語，論朋友之交，可云不朽之格言。其弟子子夏云：「與朋友交，言而有信。」學而曾子云：「與朋友交而不信乎？」學而又云：「君子以文會友，以友輔仁。」顏淵由此諸弟子之言觀之，則孔子承認朋友之關係，不待言矣。論語中雖明載君臣父子兄弟朋友之四倫；然夫婦之一倫，孔子未嘗言之。惟許詩關雎之篇曰：

「關雎樂而不淫，哀而不傷。」八佾

朱子解之，極其妙云：

「關雎之詩，言后妃之德，宜配君子。求之不得，則不能無寤寐反側之憂；求而得之，則宜其有琴瑟鐘鼓之樂。蓋其憂雖深而不害於和；其樂雖盛而不失其正。故夫子稱之如此。」

然則孔子亦承認夫婦之一倫也。蓋此倫甚明白，故不必詳言之。子夏云：「賢賢易色。」是言夫婦之關係也。若就孔子推尊之詩考之，則周南桃夭之篇曰：

「桃之夭夭，其葉蓁蓁。之子于歸，宜其家人。」

其他言婦人之婚嫁甚多。周易家人卦彖傳並言父子兄弟夫婦，此雖非孔子之言，可以爲旁證。然則孔子雖未言五倫，而亦承認之也。子思祖述之，稱曰五達道，而述其目。至孟子詳述五倫之義務內容。儒教之義務論，始於孔子，經子思而至孟子，遂確立不動矣。

五　君子論

孔子之學以仁爲目的；然爲仁者之難，猶如爲聖人之難。顏回曰：舜何人也？予何人也？有爲者亦若是。有志者應學如顏回也。然孔子亦不自居爲仁。述而以仁爲標的，猶如望終生不可達之岸，追不可捉之影，如此則不自暴自棄者有幾人。故雍也章曰：

「冉求曰：非不說子之道，力不足也。子曰：力不足者，中道而廢，今女畫。」

冉求之賢，尚須自畫，則其他可推知矣。故可使人屬望者，即君子是也。述而章曰：

「聖人吾不得而見之矣，得見君子者，斯可矣。」

據此，足窺知其間之消息。君子比之聖人或仁者，則稍卑近；而爲實際之標的，必不難達也。孔子謙讓，亦不以君子自居，故曰：「躬行君子，則吾未之有得。」(述而) 又曰：「君子道者三，我無能焉。」(憲問) 然許弟子宓子賤曰：「君子哉若人！」(公冶長) 由此觀之則爲君子之難，非如爲仁者之難也。

抑君子有二種之意義，一爲有位之君子，一爲有德之君子是也。有位之君子，卽在於王公之位，而統治臣民者也（政治的）。有德之君子，卽有可尊崇之人格者也（倫理的）。有德者必有位，是在上古政教一致時之通則也。後世則不然。孟子之所謂有天爵者未必有人爵隨之。故君子之意義，自有二種之解釋。今姑置有位之君子，而專就有德之君子論之。孔門關於君子之論述，據論語觀之，約達三十條之多。今摘其要，敍述君子之性格，如下列之五項：

一　君子者，德行之人也。

君子有德行，厚重而不浮薄，常懷德，不苟違仁。里仁章曰：

「君子無終食之間違仁，造次必於是，顚沛必於是。」

戒愼恐懼，當事不苟，此君子之風采也。且其爲人厚重，故曰：「君子不重則不威。」(學而) 卽君子厚重而威嚴也。其言行決無輕率，論語中又云：

「君子食無求飽，居無求安，敏於事，而愼於言。」學而

「子貢問君子。子曰：先行其言，而後從之。」爲政

「君子欲訥於言，而敏於行。」里仁

「君子於其言，無所苟而已矣。」子路

由此觀之，則知君子之重德行也。

二　君子者，智德之人也。

博文與約禮相輔，而達於仁之域，故君子必須博學於文，約之以禮。雍也 卽雖重約禮，而博文亦不可忽也。故君子學詩書以多識前言往行，且廣知鳥獸草木之名。陽貨章曰：

「小子何莫學夫詩？詩可以興，可以觀，可以羣，可以怨；邇之事父，遠之事君；多識於鳥獸草木之名。」

其他或云：「興於詩。」泰伯 或云：「游於藝。」述而 皆所以磨鍊知識也。

三　君子者，情德之人也。

君子不偏狹，而富同情，且了解趣味，無往而不可。故曰：「君子貞而不諒。」衞靈公 謂其不偏狹固陋也。

又曰：

「君子成人之美，不成人之惡；小人反是。」顏淵

「君子求諸己，小人求諸人。」衛靈公

謂其富同情也。夫好事不出門，惡事行千里，此世俗之情也。然君子則好稱人之美，不言人之惡，其心術之良，眞可佩服。君子未嘗與人爭也，獨於射，則不能不爭，八佾章曰：

「君子無所爭，必也射乎！揖讓而升，下而飮，其爭也君子。」

勝而不驕，負而不怨，其爭也揖讓升下以禮，故謂之無爭也可。雍也章曰：

「質勝文則野，文勝質則史。文質彬彬，然後君子。」

是君子必須有天成之美質，而加之以充分之情操的訓練。又云：「成於樂，」泰伯孔門之教育重音樂，琴瑟之聲，不絕於其門，可見其重情操的訓練也。

四　君子者，意德之人也。

君子意志鞏固，無論於何事，不誤其判斷，專從義理之正。故曰：「君子義以爲上。」陽貨里仁章亦曰：

「君子之於天下也，無適也，無莫也，義之與比。」

蓋謂其必從正義也。又不與人苟同，故曰：

「君子周而不比，小人比而不周。」爲政

「君子和而不同，小人同而不和。」子路

要之，君子者，於知情意之三方面，皆必須使圓滿發達。故憲問章曰：

「君子道者三：仁者不憂，知者不惑，勇者不懼。」

卽述此意也。既於智情意得圓滿發達，則無往而不可矣。所謂「君子不器，」爲政 卽指此也。

五　君子者，知命之人也。

君子必須爲知命之人。論語開卷第一條云：

「人不知而不慍，不亦君子乎？」

又於最終云：

「不知命，無以爲君子也。」

此二語盡述孔子之眞意，無遺憾矣。君子安天命，故不因窮達而變其志。孔子嘗困於陳蔡之野，子路慍然問曰：「君子亦有窮乎？」孔子答曰「君子固窮，小人窮斯濫矣。」衛靈公卽此意也。君子唯憂自己之修養不足，人之知己與不知，非所患也。故曰：

「君子病無能焉，不病人之不己知也。」衛靈公

君子安命，故無入而不自得，仰不愧於天，俯不怍於地，自省不疚，則無何等憂懼，胸中不勝其悅樂焉。故曰：

「君子不憂不懼，……內省不疚，夫何憂何懼？」顏淵

又云：

「君子坦蕩蕩，小人長戚戚。」述而

約言以上所論，則君子者，爲吾人修養之標的，而有德行，智情意之三者圓熟，以入於知命之域焉。以之與孔子之所謂仁比較，則君子之性格，殆具備仁者之內容，卽君子乃具體而微者也。

第七章　政治說

一　政正也

孔子教之目的，在於修己治人。關於修己，上文倫理說已詳論之。今專就治人述之。

孔子謂治人之本在修己，故曰：

「季康子問政於孔子。孔子對曰政者正也，子帥以正，孰敢不正？」顏淵

又曰：

「其身正，不令而行；其身不正，雖令不從。」子路

「苟正其身矣，於從政乎何有？不能正其身，如正人何？」子路

政者正也之一句，簡而得要。卽政治者，君主先正其身，而後正臣民之不正也；其身不正，而欲求臣民之正，是猶濁其源，而求其流之淸也。若欲天下國家之治平，則君主必須自正其身。是卽政治之根本也。此點爲堯舜以來歷代聖賢政治之原則，孔子祖述古先聖王之道，實爲儒教精神之所存也。

孔子嘗將君臣之關係，譬之風與草，以明示上所好下必從之之意。其言曰：

「君子之德風，小人之德草，草上之風必偃。」顏淵

子路章亦曰：

「上好禮，則民莫敢不敬；上好義，則民莫敢不服；上好信，則民莫敢不用情。」

其他顏淵章亦曰：

「季康子患盜，問於孔子。孔子對曰：苟子之不欲，雖賞之不竊。」

答季康子之語，是極論上所好下必從之之意，不可以言害意也。要之，人君須以身爲天下模範，故其臨莅臣民，常兢兢業業而思爲君之難。孔子嘗對魯定公曰：

「爲君難，爲臣不易。」子路

二　德治論

君主之臨天下，常思爲君之難，以身率萬民。則其政治之原則，可由此推知，卽德治主義是也。爲政章曰：

「爲政以德，譬如北辰，居其所而衆星共之。」

此言以德治主義爲政治，則國民皆歸服之也。北極星之所在，衆星嚮之而巡其周圍，此是本於天動說。雖從現今進步之天文學言之，則其說謬誤；然地動說由哥白尼所創，爲十五世紀之事，是則孔子之據天動說而言，亦不得已。讀者須善解其譬喻之意。又曰：

「道之以政，齊之以刑，民免而無恥；道之以德，齊之以禮，有恥且格。」爲政

孔子尊德治而輕法治，由此可見。在上古政教一致之世，主張德治，極爲至當。且在當時，法制亦非全不要也。堯舜之際有五刑，皋陶謨曰：「明于五刑，以弼五教。」周官有五刑，周穆王之時有呂刑。國無法制而統治者，猶如無韁轡而御馬也。然鄭子產鑄刑書，左傳昭六年貽叔向之譏。由此觀之，則以刑政治天下，是識者所不取也。孔子亦非全不認法制之必要，參照禮樂論唯無血無淚，專以法制御民，使民免而無恥，以爲不可耳。尹文子曰：

「以名稽虛實，以法定治亂，萬事皆歸於一，百度皆準於法。則頑嚚聾瞽，可與察慧聰明同。其治也，能鄙齊功，賢愚等慮，此至治之術也。」大道上

文子亦曰：

「人才不可專用，而度量道術，可世傳也。故國治可與愚守也，而軍旅可以法同也。」下德

法治論者之所以主張法治，不外此數語。夫以名法爲治，使能鄙賢愚混然無別，不知鄙愚之滿朝，此眞至亂之術也。徐幹嘗論曰：

「若欲備百僚之名，而不問道德之實，則莫若鑄金爲人，而列於朝也，且無食祿之費矣。」中論亡國篇

此數語罵倒法治，無遺憾矣。今日本爲法治國，所謂德治，可言而不可行。雖然，爲君主者須鑒於徐幹之語，不專依法制，勉以德治之精神臨莅萬民。此蓋爲孔子之志，萬古不可易之眞理也。

三　禮樂論

孔子雖執德治主義，亦非不認法制之必要，所謂禮是也。里仁章曰：

「能以禮讓爲國乎？何有？不能以禮讓爲國，如禮何？」

憲問章亦曰：

「上好禮，則民易使也。」

此所謂禮，是指法制典禮而言。蓋中國人民富平等思想，不認何等階級的區別，故制禮法，以定民心。於國家統治之必要上，所以維持君主之尊嚴，保全社會之秩序也。禮至周而大備，故曰：

「周監於二代，郁郁乎文哉，吾從周。」八佾

孔子雖推尊堯舜禹備至；然其理想者，卽周公也。述而章曰：

「甚矣吾衰也久矣吾不復夢見周公！」

是蓋孔子晚年之語也。由此觀之，則可想像孔子壯時寤寐之間，常不忘周公。孔子以周公爲理想，其理由有三：一、孔子生於周公之國，最知周公之偉蹟；至如堯舜、禹，其事蹟已遠，亦難詳知也。二、周公之法制最完備，所謂郁郁乎文，則治天下者，必須從周公制定之周禮也。三、孔子雖身有聖德，且爲聖人之後；然在民間已久，不可遽立爲王；且孔子之心，自固尊王之念甚厚，若得志則思助天王而平天下，以救生民塗炭之苦，絕非有他意也。孔子蓋尊崇周室創立者之文武二王，而欲傚周公之相成王也。陽貨章曰：

「如有用我者，吾其爲東周乎。」

由此可窺知其意之所在矣。

孔子以周公爲理想，有依周制而治天下之志。然周初與孔子之時勢已不同，周禮不適於當時者亦不少。故孔子於大體從周制，而鑒時勢之推移，常主張變通之。子罕章曰：

「麻冕，禮也；今也純，儉，吾從衆。」子罕

此可知其不墨守古禮也。且當時禮樂之眞意不明，徒以玉帛鐘鼓爲禮樂。故曰：

「禮云禮云，玉帛云乎哉？樂云樂云，鐘鼓云乎哉？」陽貨

墨子著非樂篇，攻擊當時之樂；又極口譏誚繁文縟禮。合此等之說，可察知當時之流於空文虛禮也。老子之三十八章亦曰：

「夫禮者，忠信之薄，而亂之首也。」

故孔子有參酌周禮而更制禮樂之志。八佾章曰：

「夏禮吾能言之，杞不足徵也；殷禮吾能言之，宋不足徵也；文獻不足故也。足，則吾能徵之矣。」

春秋之際，古之遺風猶存，孔子尚能言之；唯杞宋之文獻不足，故不能以之爲徵證，由此可想像孔子

比較研究三代之禮，而有所得也。爲政章曰：

「子張問十世，可知也？子曰：殷因於夏禮，所損益可知也；周因於殷禮，所損益可知也；其或繼周者，雖百世可知也。」

此豫言果成爲事實，漢以來至清朝，猶不外損益周制。而孔子有損益周制之意思，於此可徵之。又嘗答顏淵問爲邦曰：

「行夏之時，乘殷之輅，服周之冕，樂則韶舞。」衛靈公

孔子制作之意見，大略由此可推測之。時者曆也，曆法古來有三正之說，三正卽爲夏殷周三代之曆法。夏正以斗柄初昏指寅方向之月，是爲歲首，卽太陰曆之第一月也。殷正以指丑方向之月爲歲首，卽太陰曆之第十二月也。周正以指子方向之月爲歲首，卽太陰曆之第十一月也。孔子以夏正爲最適節。輅車與冠冕，殷周互用，各有所當，今難詳之。韶卽虞舜之樂，孔子聞之，至三月不知肉味，述而又稱之曰：「盡善盡美。」八佾陽貨章曰：

「子之武城，聞弦歌之聲。夫子莞爾而笑曰：割雞焉用牛刀？子游對曰：昔者偃也聞諸夫子曰：君子

學道則愛人，小人學道則易使也。」子曰：「二三子，偃之言是也，前言戲之耳。」由是可知孔子以禮樂之政爲理想。且子游以禮樂治武城，孔子莞爾而笑，可知其心中悅樂，不禁表現於外也。

四　大義名分說

周室衰微，諸侯放恣，天下之亂如麻，生民不得安堵，外夷往往生心。故孔子明尊王之大義，抑諸侯之僭越，以謀國家之統一。是蓋孔子周流四方，不容於當世之重要原因也。

「子路曰：衛君待子而爲政，子將奚先？子曰：必也正名乎。」子路

子路以正名之說爲迂闊，而不切於事情。孔子聞子路之語，而嗤其野。茲先就當時之衛國事情，試一言之：衛靈公之夫人曰南子，而太子蒯聵與南子有隙，欲殺之而不果，遂出奔。靈公怒之，欲立少子郢。及靈公卒，郢遜讓不敢卽位，國人立出公輒爲君。蒯聵得晉之援助而入國。蒯聵雖逆其父靈公之意而出奔，然彼爲出公輒之父也。出公輒雖爲國人所立，然彼爲蒯聵之子也。出公是否應防禦蒯聵，實處倫理之變。子貢冉有試以此事問孔子，觀其所助，而孔子不助衛君。述而子路仕出公，遂死其難。蓋彼

以孔子之正名論爲迂闊，而不合時宜。可惜子路之賢，猶不知正名分是最適切於當時也。

孔子正名分之思想，散見於各處。八佾章曰：

「孔子謂季氏，八佾舞於庭，是可忍也，孰不可忍也？」

佾者，舞列也。周禮天子八佾，諸侯六佾，大夫四佾，士二佾。左傳隱五年季氏爲魯國大夫，當用四佾；而家廟之祭祀，僭用王禮，此孔子所以極言其不可也。八佾章又曰：

「三家者以雍徹。子曰：相維辟公，天子穆穆，奚取於三家之堂？」

雍爲周頌之篇名，天子祭其宗廟，以雍徹。相維辟公，天子穆穆，詩中之句也。魯大夫孟孫、叔孫、季孫三家祭其宗廟，敢以雍徹，孔子以其僭越爲不可，且指摘其爲無意味之舉動。左傳成二年，新築人仲叔于奚有功，衛人賞之以邑，于奚辭之，請曲縣繁纓以朝，許之。曲縣繁纓，諸侯之禮也。孔子評之曰：

「惜也，不如多與之邑。唯器與名，不可以假人，君之所司也。」

由此可知孔子尊重名分之念甚篤也。季氏章曰：

「孔子曰：天下有道，則禮樂征伐自天子出；天下無道，則禮樂征伐自諸侯出。自諸侯出，蓋十世希不失矣；自大夫出，五世希不失矣；陪臣執國命，三世希不失矣。天下有道，則政不在大夫。天下有道，則庶人不議。」

雖平平述來，無何等疾言遽色；然慨嘆當時亂離之意，已溢於言外。憲問章曰：

「陳成子弑簡公。孔子沐浴而朝，告哀公曰：陳恆弑其君，請討之。公曰：告夫三子。孔子曰：以吾從大夫之後，不敢不告也。君曰：告夫三子者。之三子告，不可。孔子曰：以吾從大夫之後，不敢不告也。」

當此時周室之衰微已甚，禮樂征伐，不復天子出；大夫之權日强，諸侯亦不遑自救。天子無道，則禮樂征伐自諸侯出；然猶勝於無征伐。故孔子當陳恆之弑逆，請哀公伐之。齊雖爲霸業之餘，然陳恆新篡國，臣民之心不服者半，則雖以弱魯伐之，未必不可能；且名正言順，孔子之胸中自有成算。左傳哀十四年曰：

「公曰：魯爲齊弱久矣，子之伐之，將若之何？對曰：陳恆弑其君，民之不與者半；以魯之衆，加齊之半，可克也。」

其言竟不用。然孔子重君臣大義之精神，於萬世之下，奕奕尚有生氣焉。

欲明孔子之大義名分說，則對於湯武革命之孔子思想，不可不述之。孔子未嘗不承認革命，又未嘗非議之；然從論語中所述孔子之意見，大概可推測其眞意焉。泰伯章曰：

「泰伯其可謂至德也已矣，三以天下讓，民無得而稱焉。」

泰伯爲太王之長子，其季弟名季歷，文王卽季歷之子也。太王起於西戎之地，漸東來，養其勢力於岐陽，欲代殷而王天下。魯頌閟宮篇云：

「后稷之孫，實維大王，居岐之陽，實始翦商。」

卽謂此也。泰伯不從，故左傳僖公五年曰：

「大伯虞仲，大王之昭也，大伯不從，是以不嗣。」

孔子評泰伯爲至德，卽爲此也。又評文王曰：

「三分天下有其二，以服事殷，周之德，其可謂至德也已矣。」泰伯

由是可推測孔子對於放伐之思想矣。夫禮稱居其國不議其大夫，況其君乎？又況其君祖先乎？孔子生於魯，而魯之祖先周公爲武王之弟，若非議武王，卽是非議魯之祖先，此孔子所不敢爲也。例如昭

公之事，可以知之。述而章曰：

「陳司敗問昭公知禮乎？孔子曰：知禮。孔子退，揖巫馬期而進之，曰：吾聞君子不黨，君子亦黨乎？君取於吳，爲同姓，謂之吳孟子。君而知禮，孰不知禮？巫馬期以告。子曰：丘也幸，苟有過，人必知之。」

昭公於當時有知禮之名。左傳昭五年 夫娶同姓之非禮，與昭公娶吳孟子之事，孔子固已知之；而假作不知者，諱言國君之過也。左傳僖元年曰：

「諱國惡，禮也。」

孔子之答，旣適合於諱國惡之禮；然聞陳司敗之言，何故自以爲過？邢昺之疏解甚當，其疏曰：

「若使司敗不譏我，則千載之後，遂永信我言，用昭公所行爲知禮，則亂禮之事從我而始；今得司敗見非而受以爲過，則後人不謬，故我所以爲幸也。」

抑娶同姓之乖禮，其事不大，然至革命，則爲人倫之大變。若明言之，有非議國君之嫌；不言之，則似是默許，不可以爲訓。故以微言評泰伯文王爲至德。朱子解之云：此是其微旨，甚適當也。諸家或解釋魯頌翦商之翦字，訓爲齊。謂：周至太王，其德化所及漸大，其勢始與商齊並。此說甚強辯，不足取也。八佾章曰：

「子謂韶，盡美矣，又盡善也；謂武，盡美矣，未盡善也。」

韶爲舜之樂，孔子嘗聞之至三月不知肉味，可想像其傾倒之極，故其許之爲盡美盡善也。武爲武王之樂，述滅商之事，詳載於樂記。孔子許之爲未盡善，可以知其意也。蓋美者，爲美的批判之語；善者，爲倫理的批判之語。朱子解之曰：

「美者，聲容之盛；善者，美之實也。」

此不可易之說也。孔安國解此章曰：

「韶，舜樂名，謂以聖德受禪，故盡善。武，武王樂也，以征伐取天下，故未盡善。」

程子亦曰：

「成湯放桀，惟有慙德；武王又然，故未盡善。」朱子集注所引

成湯放桀，惟有慙德，此二句見於商書仲虺之誥；而仲虺之誥，爲僞古文，不足信。然此原本於吳季札之語，季札聘於魯，見湯樂而許之曰：

「聖人之弘也，而猶有慚德，聖人之難也。」（左傳襄二十九年）

杜注云：慚於始伐，此說甚當。成湯有慚德，武王亦不得不然。孔子評其未盡善，卽因此也。此解釋自孔安國以來諸儒無異說。然日本物徂徠解之曰：善美皆就樂而言，美者卽洋洋盈耳，以其大體而言；善者卽善歌善舞，以其各節之細而言。武之未盡善者，殆有司失其傳歟？不然，則周樂工之不及夔也。此說雖似巧妙，然不如前解之情意兼盡也。要之：孔子雖未嘗斥言武王之革命爲非，然評武曰未盡善，而以文王之服事殷爲至德，以一隅而考察其三隅，則其以革命爲非，彰彰明矣。子張問十世可知也，孔子答曰：「雖百世可知也。」（爲政）由此觀之，孔子見當時禮樂刑政，不出於天子，以古昔之歷史，而推將來，是承認革命之事實可起，無容疑矣。然孔子雖以革命爲非，而終欲救之，故豫想革命事實之可起，以警世也。惟易革卦彖傳曰：

「天地革而四時成，湯武革命，順乎天而應乎人，革之時大矣哉！」

予謂十翼非孔子之作，故以爲此語與孔子無涉；然十翼古來稱爲孔子之作，若果然，則孔子於易承認革命也。是則與論語所述之言，微相矛盾，如何而解釋之？桀紂之暴，天人共怒；而湯武之聖德，順天應人，遂有易世革命之事；然此爲非常之變，出於不得已，故曰：革之時大矣哉！此時有一髮千鈞之重也。蓋湯武之革命，爲歷史上之事實，中國國民思想所認以爲是，故於易而承認之，亦出於不得已；然孔子之理想，仍依然尊從大義名分，而以革命爲非也。

孔子注畢生之心血而成春秋，以正大義名分。春秋開卷第一，書曰：元年春王正月，特用王字，鼓吹尊王之大義也。董仲舒及公羊傳言春秋之一統，即謂此也。其後公羊學者何休等，皆誤倡孔子素王之說。欲尊孔子，而反累孔子焉。孔子之尊王，是於古來中國民族之革命思想中，拔一頭地，而代表春秋時代之尊王思想者也。唯孔子亦爲中國國民，故因中國國體與當時封建制度種種理由，所以其大義名分說，不能充分貫徹也。孔子許管仲爲仁，以天下後世皆浴其恩澤之故；管仲之不爲子糾死，謂其所以異於匹夫匹婦之爲諒也。公冶長章曰：

「崔子弒齊君，陳文子有馬十乘，棄而違之，至於他邦，則曰：猶吾大夫崔子也。違之，之一邦，則又曰：猶吾大夫崔子也。違之，何如？子曰：清矣。曰：仁矣乎？曰：未知，焉得仁。」

文子以一國之大臣，而不思報其君之仇，避難全身，此正不忠不義之臣也。孔子雖不以仁許之，然許之爲淸。何也？此又吾人所到底不能了解也。其後孟子荀子皆一變而承認湯武之放伐爲是，此由於中國國民性所使然；抑亦因周室衰微，天下無宗周者也。自是以後，中國之國體易姓革命，成爲風氣，孔子之大義名分說，遂不能充分發達而止。其教翻入於日本，及與日本國體之精華融合，始大成之。

五　國富充實與國民教育

孔子之德政說，可分爲二項述之，卽國富充實與國民教育是也。子路章曰：

「子適衞，冉有僕。子曰：庶矣哉。冉有曰：旣庶矣，又何加焉？曰：富之。曰：旣富矣，又何加焉？曰：教之。」

蓋先富而後教也。管子云：「倉廩實則知禮節，衣食足則知榮辱。」孟子亦云：「無恆產者無恆心。」皆同此意也。凡論民政者，無不注意於此。顏淵章曰：

「子貢問政，子曰：足食，足兵，民信之矣。」

蓋先要足食也。學而章亦曰：

「道千乘之國，敬事而信，節用而愛人，使民以時。」

節用則可輕減租稅，卽所以愛撫民也。使民以農隙之時，卽孟子所謂不奪農時，穀不可勝食也，是卽足食所以富民也。

民已富而逸居無教，則近於禽獸。故孔子先富之而後教之，前所引子路章之語，卽是也。陽貨章亦曰：

「子之武城，聞弦歌之聲。夫子莞爾而笑曰：割雞焉用牛刀？子游對曰：昔者偃也，聞諸夫子曰：君子學道則愛人，小人學道則易使也。子曰：二三子，偃之言是也，前言戲之耳。」

孔子之國民教育說，可從言偃之語推知之。然泰伯章曰：

「民可使由之，不可使知之。」

或據此而非議孔子爲愚民之說，是大誤解也。所謂不可者，非不許之意，蓋言不能盡使知之也。堯舜以來，儒教之目的，在於修己治人。君主以身爲民之模範，先正己，以正臣民之不正。無恆產則無恆心，凡人之常情也。故孔子主張先富之而後教之，豈可謂之愚民哉？朱子集注解之曰：

「民可使之由，而不能使之知。」

又引用程子之說曰：

「聖人說教，非不欲人家喻而戶曉也；然不能使之知，但能使之由之耳。」

此最穩當之解釋也。蓋愚民之政策本於老子之學，法家者流祖述之。據老子之思想，則謂智慧出而爲大僞，故絕聖棄智，復歸於嬰兒，以無爲而化爲至治之世，故彼主張愚民。商鞅祖述之，倡文學亡國論，且爲愚民之故，擬燒詩書，此事見韓非子和氏篇中。秦李斯之焚書，即襲商鞅之故智也。

六 人材登庸

天下廣且大，非一人之能所可治，必須舉賢材而任之。爲政章曰：

「哀公問曰：何爲則民服？孔子對曰：舉直錯諸枉，則民服；舉枉錯諸直，則民不服。」

顏淵章亦曰：

「樊遲問知，子曰：知人。樊遲未達，子曰：舉直錯諸枉，能使枉者直。」

舉直所以使民心歸服，眞名言也。然如何而得知人物之曲直？子路章曰：

「仲弓曰：焉知賢才而舉之？曰：舉爾所知。爾所不知，人其舍諸？」

自己之所識雖狹，然於其範圍而登庸賢才，則人皆知其好賢，雖爾所不知，人亦將薦之。任一賢則衆賢皆進。易所謂，拔茅茹，以其彙征吉，泰卦初九卽此之謂也。子夏與樊遲語，而評孔子之言曰：

「富哉言乎！舜有天下，選於衆，擧皋陶，不仁者遠矣；湯有天下，選於衆，擧伊尹，不仁者遠矣。」顏淵此言最得孔子之意也。昔燕昭王師事郭隗，賢良由四方至，樂毅自魏來，遂用之，以成大業。君果好賢，則何患無人材？然君主之聰明，往往易蔽，其所謂賢者必非賢，所謂不肖者必非不肖也。良藥苦口，賢良愈遠；甘言悅耳，便佞日親。是人君之通弊也。故法家者流，主張爲人君者，虛靜以臨天下，不顯示好惡，以駕御人材。若夫孔子之教，以修己爲治人之本，人君以中正之德臨民，所以不用法家之策術也。

第八章　教育說

孔子有圓滿至聖之性格，以身爲弟子之模範。述而章曰：

「二三子以我爲隱乎？吾無隱乎爾。吾無行而不與二三子者，是丘也。」

孔子一舉手，一投足，皆無非所以教其弟子。陽貨章亦曰：

「子曰：予欲無言。子貢曰：子如不言，則小子何述焉？子曰：天何言哉！四時行焉，百物生焉，天何言哉！」

如顏子之默識心通，故終日與語而如愚，雖無言亦無妨；其他則不能無疑問，故子貢曰：子如不言，則小子何述焉。然孔子一舉一動，無非所以教人；猶如天雖不言，而四時運行，百物自生也。是以孔門之弟子，對於孔子之一言一行，常加注意，或詳記其言行，以模倣之。觀鄉黨章所記，則可知孔門弟子詳細注意而觀察孔子之言行，以爲模範。其他如子張問行，受言忠信、行篤敬之教，以書諸紳。衛靈公又子張見孔子對師冕之言行，而知對瞽者之道。衛靈公皆其例也。檀弓曰：

「孔子與門人立，拱而尚右，二三子亦皆尚右。孔子曰：二三子之嗜學也，我則有姊之喪故也。二三子皆尚左。」

由此可知孔門弟子凡一言一行，皆倣孔子也。

孔子之教人，毫不置差別，不設胸壁。雖不足與語之互鄉童子，進而問道，亦教誨之。（述而）凡有問者，雖爲鄙夫，亦必叩其兩端而竭之。（子罕）況行束脩而入其門者哉？（述而）顏淵嘗喟然歎曰：

「仰之彌高，鑽之彌堅，瞻之在前，忽焉在後。夫子循循然善誘人，博我以文，約我以禮，欲罷不能。既竭吾才，如有所立卓爾。雖欲從之，末由也已。」（子罕）

其教必使弟子欲罷不能，各竭其才。孔子眞可謂天成之教育家，而自得訓育之祕訣者也。子罕章曰：

「譬如爲山，未成一簣，止，吾止也；譬如平地，雖覆一簣，進，吾往也。」

雍也章曰：

「冉求曰：非不說子之道，力不足也。子曰：力不足者，中道而廢，今女畫。」

里仁章曰：

「有能一日用其力於仁矣乎，我未見力不足者。」

由此觀之，可知其教誨親切丁寧，眞所謂使人欲罷不能也。述而章曰：

「默而識之，學而不厭，誨人不倦，何有於我哉？」

鄭玄解云：「他人無是行，我獨有之。」集解朱子解云：「三者已非聖人之極至，而猶謙讓不敢當。」予寧以朱子說爲是。卽謙讓之孔子，如此誨人不倦，雖自云所不及；然其自任自信，可概見矣。述而章曰：

「若聖與仁，則吾豈敢？抑爲之不厭，誨人不倦，則可謂云爾已矣。」

孟子亦云：「孔子曰：聖則吾不能，我學不厭而教不倦也。」公孫丑上綜合以上所述，考之於孔子之言，則知其對弟子，循循教誨不倦，由此可想望孔子之風采矣。

孔子之教人，或面責之，凜如秋霜。公冶長章曰：

「宰予晝寢。子曰：朽木、不可雕也；糞土之牆、不可杇也。於予與何誅；」

先進章曰：

「季氏富於周公，而求也爲之聚斂，而附益之。子曰：非吾徒也，小子鳴鼓而攻之可也。」

此類是也。或造語婉曲，反使人忸怩。憲問章曰：

「子貢方人。子曰：賜也賢乎哉！夫我則不暇。」

此類是也。其他雖隨時用種種方法，而以啓發的方法爲主。啓發之語，實本於孔子。述而章曰：

「不憤不啓，不悱不發，舉一隅，不以三隅反，則不復也。」

孔子以詩書禮樂爲門下之教科。泰伯章曰：「興於詩，立於禮，成於樂。」可知其重此也。孔子之重禮，不待贅言。至關於樂，則孔子聞韶，三月不知肉味；述而 晚年使雅頌各得其所。子罕 孔門琴瑟之聲不絕，如木強之子路，對於樂亦有升堂之才，先進 其他可知。至如詩書之誦讀，不能以僅通訓詁爲了事，其眼光須常徹紙背也。子罕章曰：

「唐棣之華，偏其反而，豈不爾思，室是遠而。子曰：未之思也，夫何遠之有？」

此詩是逸詩，今難道其詳，要之：不外爲戀愛詩。然孔子謂其未之思，蓋以「仁遠乎哉？我欲仁，斯仁至矣。」述而 之意，而解釋之，此所謂斷章取義之法也。學此研究法之子貢嘗問曰：「貧而無諂，富而無驕，何如？」孔子答曰：「可也，未若貧而樂，富而好禮者也。」子貢遂悟曰：

「詩曰：如切如磋，如琢如磨，其斯之謂歟？」

孔子贊賞之曰：「賜也，始可與言詩矣，告諸往而知來者。」學而 又子夏嘗問曰：

「巧笑倩兮，美目盼兮，素以爲絢兮，何謂也？」

孔子答曰：「繪事後素。」子夏遂悟曰：「禮後乎。」孔子贊賞之曰：

「起予者，商也，始可與言詩已矣。」八佾

觀此二節之師弟問答，可窺知孔子教人，常用啓發的方法也。述而章曰：

「三人行，必有我師焉，擇其善者而從之，其不善者而改之。」

里仁章曰：

「見賢思齊焉，見不賢而內自省也。」

受此教訓之弟子，於實際社會，到處皆得師，所謂學無常師也。

述而章曰：子以四教，文、行、忠、信。孔子之所常教者，即此文行忠信之四條，蓋教以學文修行存忠信於心也。申言之，以文爲博文，行忠信三者爲約禮，亦無不可；而孔子教之目的爲仁，亦不待言。孔子嘗曰：「性相近也，習相遠也。」陽貨 又曰：「有教無類。」衛靈公 蓋謂雖由習慣與教育而生大差，然資性原無大差也。唯人之性情亦必非一，獨上智與下愚不移；（陽貨）人有生知學知困知之別；中人以上可以語上，中人以下不可語上。（雍也）故孔子之教育，雖同以仁爲目的；然非沒卻個性，悉容納於同一模型也。蓋認定個性，而各謀其性情之發達。爲政章載孟懿子、孟武伯、子游、子夏同問孝，而孔子所答不相同；顏淵章載顏淵、仲弓、司馬牛、樊遲同問仁，而孔子所答各異；卽是故也。舉其最著之例，如先進章載子路，冉有同問聞斯行之。孔子答子路曰：父兄在，豈可聞斯行之；而答冉有曰：聞斯行之。公西華在旁聽之，不解其意，遂問其理由。孔子答曰：求（冉有）也退，故進之；由（子路）也兼人，故退之。此不外應病與藥，因人說法之意也。可見孔子之教育法，是因人而成其才。蓋孔門之弟子雖稱三千；然一時執贄者，不過三四十人或五六十人耳。孔子熟知弟子之爲人，往往使弟子各言其志以察其志之所在。例如公冶長章載顏淵、季路言志，先進章載子路、曾皙、冉有、公西華各言志，卽是也。孔子之所教，亘萬世而不可易者，實因其見人說法極爲適切也。

孔子之特可敬服者，在於其感化力之偉大。顏子之事孔子，如子之事親，其仰鑽之情甚篤。（子罕）子貢贊孔子，比之爲日月；又謂夫子之不可及，如天之不可階而升；（子張）又云自生民以來，未有夫子者。宰我謂夫子賢於堯舜。有若曰：

「豈惟民哉？麒麟之於走獸，鳳凰之於飛鳥，泰山之於丘垤，河海之於行潦，類也；聖人之於民，亦類也。出於其類，拔乎其萃，自生民以來，未有盛於孔子也。」孟子公孫丑上

曾子亦稱孔子曰：

「江漢以濯之，秋陽以暴之，皜皜乎，不可尚已！」孟子滕文公上

孔門之弟子三千，身通六藝者七十二人，而此等弟子心服之如此。且不獨孔門諸子爲然，孔子之流風餘澤，遠及東海之表，與天壤共悠久矣。是實因孔子人格之偉大也。儀封人嘗評孔子曰：

「天將以夫子爲木鐸。」佾八

孔子不獨爲當時之木鐸，實爲萬世之師表焉。

第九章　宗教觀

孔子之所教，爲修己治人之道，如宗教與哲學，非其志也。據史記孔子世家，謂孔子晚年喜易，章編至三絕，果然，則可知其極勤讀矣。述而章曰：

「子曰：加我數年，五十以學易，可以無大過矣。」

朱子謂五十爲卒字之誤，或謂讀如字，此皆於予之所論無關係。要之：孔子是好學易，不可疑也。易十翼，自史記以來，認爲孔子之作，其可疑之點，既於前刪述篇中論之。要之：十翼中確含有幾分之孔子思想；然現於十翼之宇宙論及人生觀，未可遽認爲孔子之哲學也。故予捨此不論，專從論語，而窺測孔子之宗教觀。爲政章曰：

「非其鬼而祭之，諂也。」

鬼者、人鬼也。祭非其鬼，則爲諂，是則其鬼必須祭之。申言之，則自家祖先之靈魂，不可不祭之也。故八佾章曰：

「祭如在，祭神如神在。子曰：吾不與祭，如不祭。」

其他如入太廟而盡每事問之禮，是孔子亦認鬼神之存在，虔敬之情事之。泰伯章曰：

「禹吾無間然矣。菲飲食而致孝乎鬼神；惡衣服而致美乎黻冕；卑宮室而盡力乎溝洫。禹吾無間然矣。」

禹致孝於鬼神美祭服，此亦孔子稱禹之一理由也。蓋孔子抱有靈魂不滅之觀念，此爲中國古代之思想，不能獨怪孔子也。先進章曰：

「季路問事鬼神？子曰：未能事人，焉能事鬼。曰：敢問死；曰：未知生，焉知死。」

朱子解之曰：學之有序，不可躐等，故夫子告之如此。蓋季路之學，未到語死生人鬼問題之域，故孔子不告之。陳羣曰：

「鬼神及死事難明，語之無益，故不答。」集解

孔子之目的，寧別有所在，如生死之問題，暫避深入，故姑置不論。此解甚當，予寧左袒陳氏之說。蓋孔子之性温良，不好與世俗立異。如鄉黨章曰：

「鄉人儺，朝服而立於阼階。」

孔子雖信上下神祇之存在，以敬虔之情奉神；然仍取敬遠之義，主張吾人之所務在於此，而不在於彼也。故雍也章曰：

「務民之義，敬鬼神而遠之，可謂知矣。」

當時迷信極甚之事，據左傳、國語、墨子，可見其一斑；而孔子絕不語怪力亂神之迷信。而遠要之：孔子以前之社會全爲迷信的生活；而孔子則主張必須爲倫理的生活。

然則孔子終無接觸何等宗教的觀念乎？是不然也。孔子有天之信仰，孔子之教學，以天之信仰爲基礎。公冶長章曰：

「子貢曰：夫子之文章，可得而聞也；夫子之言性與天道，不可得而聞也。」

孔子言天道之事極罕，故子貢爲孔門十哲之一，猶有此歎。朱子解之曰：

「蓋聖門教不躐等，子貢至是，始得聞之，而歎其美也。」

此說甚當。子罕章曰：

「子罕言利與命與仁。」

命與利仁，皆爲孔子所罕言也。孔子雖不猥言天道，然嘗洩露其虔敬之情。季氏章曰

「君子有三畏：畏天命，畏大人，畏聖人之言。」

畏天命者，不違背天命之謂也。大人及聖人之言，是皆爲奉戴天意者。則此三畏之中，最重且爲其根本者，卽天命也。孔子五十而知天命，是其所自述。孔子以爲百般之人事，皆不外天命，故深尊信天，敬畏天命，其日常之行動，亦以天爲模範。陽貨章曰：

「子曰：予欲無言。子貢曰：子如不言，則小子何述焉？子曰：天何言哉！四時行焉，百物生焉，天何言哉！」

此其一例也。憲問章曰：

「子曰：莫我知也夫！子貢曰：何爲其莫知子也？子曰：不怨天，不尤人，下學而上達，知我者其天乎？」

人雖不知己，然自家胸中，唯有皇天之知。孔子抱此信念，所以不怨天，不尤人也。學而章所謂人不知而不慍，實因此信念確固而不可動也。子罕章雖稱子罕言命；然孔子信天命之事，卽如前所引，且依孔子自云五十而知天命之語，可以證之。又論語中尙有下列之數句：

「公伯寮愬子路於季孫，子服景伯以告曰：夫子固有惑志於公伯寮，吾力猶能肆諸市朝。子曰：道之將行也與命也；道之將廢也與命也；公伯寮其如命何？」憲問

「顏淵死，子曰：噫！天喪予！天喪予！」先進

前者謂道之興廢，自有天命在，人力亦無如之何；後者是孔子晚年因最屬望之顏淵死，而歎天之未欲明斯道也。堯曰章云：「不知命，無以爲君子也。」此語遙應學而章所云：「人不知而不慍，不亦君子乎？」蓋謂君子不可不知命也。顏淵章曰：

「子夏曰：商聞之矣，死生有命，富貴在天。」

朱子解之曰：「商聞之者，蓋聞之夫子。」此說甚當，故今附載之。孔子之信天命既如此，今從論語中試尋孔子所謂天之意義。

第一　天有意志。天之所爲，人力無如之何。述而章曰：

「天生德於予，桓魋其如予何？」

子罕章曰：

「子畏於匡，曰：文王既沒，文不在茲乎？天之將喪斯文也，後死者不得與於斯文也；天之未喪斯文也，匡人其如予何？」

以上二章，是孔子遭宋人匡人之迫害，而披瀝其絕大抱負與最深信仰也。如上所引公伯寮其如命何（憲問）之語，皆明示天意之所存，人力無如之何也。孔子信天，一切之事，任之天意，絕無何等之疑惑悔恨，此信念卽宗教的思想之根柢也。

第二　天爲全智而不可欺。子罕章曰：

「子疾病，子路使門人爲臣。病間曰：久矣哉！由之行詐也，無臣而爲有臣。吾誰欺，欺天乎？」

第三　天司賞罰，從天意則天賞之，背天意則天罰之。雍也章曰：

「子見南子，子路不悅。夫子矢之曰：予所否者，天厭之，天厭之。」

若有否行，則天厭絕之，是承認天有降罰之事也。孔安國以此爲疑義，崔述否認其事實。（洙泗考信錄）夫不顧當時之事情如何，唯徒言聖人不應有如斯之事，此爲崔氏之說，到底不足爲吾人之信據，予自固信此爲事實也。八佾章曰：

「王孫賈問曰與其媚於奧，寧媚於竈，何謂也？子曰：不然，獲罪於天，無所禱也。」

奧者，堂奧也，在室之西南隅。竈爲五祀之一，竈原所以司理人之食物，故祀之，猶祀井戶之類也。祭竈先祭之於其所，而後迎尸，祀之於奧，奧雖尊，然竈實用其事。譬之近臣如奧，權臣如竈，衞大夫王孫賈必欲致孔子於其門下，故以諺問孔子，其意蓋謂爾欲於衞得政，則與其媚於近臣，寧媚於我，較有實效也。然孔子答之曰「獲罪於天，無所禱也。」蓋以天譬之君主，謂不可媚近臣，而須忠於君主。朱子解云：以奧喻君，以竈喻權臣，天卽謂理，此說不當。比喻之眞意，姑置勿論。要之：孔子認天有賞罰之權，以爲若背天意，則必受罰也。述而章曰：

「子疾病，子路請禱。子曰：有諸？子路對曰：有之。誄曰：禱爾于上下神祇。子曰：丘之禱久矣。」

禱者，懺悔背天意之罪，請天施愛憐之情，而緩其罰也。蓋當時之思想，以疾病爲天之刑罰，故子路請禱之。禱於天地神祇以求福者，如子路所言，則是古來之風習也。不獨此誄辭爲然，如周武王疾病時，周公祈之，武王之疾翌日乃癒。此事記於書金縢篇，卽其類也。孔子知自守醇正，毫不背天，故答子路曰：「丘之禱久矣。」太平御覽八四九卷引莊子曰：

「孔子病，子貢出卜。孔子曰：子待也吾坐席不敢先，居處若齋，飲食若祭，吾卜之久矣。」此文今不見於莊子，然與子路請禱之事參照，可證予之所論不誤矣。要之：背天意則降罰，適天意則受福祉也。

孔子就於天之所說，不過寥寥如上之數章，故就於天人之關係，孔子之思想果如何，今無由詳之。然詩書爲孔門之教科書，孔子嘗删定整理之，是則詩書中所載天之思想大體是孔子所承認。據前所舉之三條推測之，殆無大過也。天既爲孔子之根本主義，而謂孔子之一切行動，皆從天之信仰而出，亦無不可也。然子貢謂夫子之言性與天道，不可得聞，是則許多弟子只知孔子之道爲仁，而不知其根本卽在天也。老子一派論及宇宙之本體，本體者，無爲自然也。故謂人亦須從本體，以至無爲自然。孔子之道，一見甚似平凡；老子之道，似高尙深遠，然儒者以之爲一敵國。子思因此作中庸，開卷第一卽喝破曰：「天命之謂性，率性之謂道，修道之謂教。」蓋明示道之本原出於天也。此事當另述之。

第十章　結論

孔子之教，集古來之政治道德說之大成，而爲常識的教學，不可由哲學及宗教之見地論之。其所謂天，所謂命，終局雖以宗教的信仰爲其根本主義；然其特色，爲修己治人之道，即在於倫理道德與政治經濟也。實可謂代表中國民族之思想。孔子之最可尊敬者，因其人格之偉大；且其無論何處，皆爲在人間的。孔子之事蹟，無何等之奇蹟，無何等超人的要素，孔子之教學所以爲倫理而非宗教也。此實爲其圓滿性格與穩健思想所使然，吾人所以嘆美不置也。

世人謂孔子贊美堯舜，有好古之言行，且抱復古思想，泥古固陋而不知移，實爲保守主義之人。將後世中國文明不振之罪，歸之於孔子也。孔子嘗自述其態度曰：

「述而不作，信而好古。」（述而）

此非孔子謙讓之言，而爲事實也。孔子集大成，以昭其金聲玉振之功，其學祖述堯舜，憲章文武。如上所述，孔子對於堯舜禹湯文武周公，尊崇之情備至。即孔子悲觀現在，不置理想鄉於未來，而反置於過去，此世人所以謂孔子爲保守主義之人也。其論雖似有一理，但未必然也。請一論之。

孔子雖尊先王之道，然非妄信之，必取捨選擇，而從其宜。卽孔子雖以周禮之郁郁爲主；然謂監於夏殷之二代，而捨於其間，已於前政治說及禮樂論詳述之。孔子不獨取捨三代之法，且當時風習之適宜者亦用之；雖先王之禮，不適宜者，則不取之。子罕章曰：

「麻冕、禮也；今也純，儉吾從衆。」

此卽是也。故雖尊古之聖賢，然亦認後生之可畏。又謂爲人之師者，不獨知古之道，且必須察日新之勢，而達變通之妙。故爲政章曰：

「温故而知新，可以爲師矣。」

孔子亦認文明之漸次進步，旣監夏殷之二代，更從周代之郁郁文明。由此觀之，孔子決非固陋之保守家，寧爲進步主義之人也。且當時有力之他二大學派，如老子、墨子、與孔並立。老子主張復歸於嬰兒，而成無爲自然；其理想以爲雖有小國寡民及凡有器械，皆不用，民至老死而不出其鄉。墨子主張節用儉葬，謂凡一切之器具，皆應徹去其裝飾，復歸於質樸之古代；節省儒家所倡之禮樂，或全廢之。

蓋二學派雖皆爲當時之時勢所激；然二家爲純然之復古主義，無容辯也。孔子之教理，比之於老墨二子果如何？謂孔子爲復古主義者，是未知其眞相之論也。孔子以後無孔子。孔子自固爲天縱之聖人。自孔子出後，爲萬世道德之標準，教權樹立於此。孔子雖嘗稱當仁不讓；然教權既樹立，則思想之自由被限制，偶妨中國民族之發達，是不可諱之事實也。然以之爲孔子之罪，則恰如惡花下之醉人，而罪及其花，毋乃過酷歟。